60分でわかる！ THE BEGINNER'S GUIDE TO FREELANCE ACT

フリーランス法

Act on Ensuring Proper Transactions Involving
Specified Entrusted Business Operators

超入門

弁護士
野田 学
白石紘一 [著]

技術評論社

I. フリーランス法早わかり Q&A

Q1 フリーランス法とは？

　2024年11月にスタートしたフリーランスを保護する法律です。フリーランス法は略称で、正式には「特定受託事業者に係る取引の適正化等に関する法律」といい、「フリーランス・事業者間取引適正化等法」とも呼ばれています。

　業務を請け負う側に立つフリーランスは、どうしても発注者との間に交渉力などで格差が生まれがちです。フリーランスが対等な立場で安心して働ける環境整備を目的に、フリーランス法は制定されました。

Q2 フリーランス法の対象は？

　フリーランス法の規制対象は業務委託事業者(以下「発注者」)、フリーランス法の保護対象はフリーランスです。ただし、同法におけるフリーランスは一般にイメージされるものと少し異なります。個人でも従業員を雇っていると、フリーランスに当たりません。一方、法人でも一人社長はフリーランスに該当します。また、前出の従業員についても、定義が厳密に定められています。

　フリーランス法は、フリーランスとの取引で効力を発揮する法律ですから、発注者からすれば、発注先がフリーランスかどうか、また受託者側も自身がフリーランスかどうかを、正しく認識する必要があります。

Q3 下請法とは何が違うの?

フリーランス法と下請法は似ていますが、大きな違いは、フリーランス法では、発注者に下請法のような資本金の要件がないため、規模にかかわらずフリーランス法の対象となり得る点と、業務委託について、業種・業界を問わず、また、下請構造にない取引も含め、あらゆる取引が対象となり得る点です。

これらの結果、規制対象が拡大しただけでなく、保護対象も拡大しています。たとえフリーランスがフリーランスに発注する場合でも、発注者側のフリーランスは規制対象となります。

▶フリーランス法と下請法の違い

法律	規制対象	保護対象
下請法	資本金が一定額を超える事業者	資本金が一定額以下の下請事業者
フリーランス法	フリーランスに業務委託をするすべての事業者(発注者)	従業員を使わないフリーランス・一人社長

たとえば、資本金1,000万円以下の企業が多い軽貨物運送会社なども規制対象となることから、委託を請けるフリーランスの軽貨物ドライバーも保護対象に!

Q4 フリーランス法に違反するとどうなるの?

フリーランスが公正取引委員会等に発注者の違反の申出を行った場合、発注者は立入検査や是正のため必要な措置をとるよう勧告・命令を受けたり、50万円以下の罰金を科せられたりする可能性があります。

> フリーランスはもちろんのこと、下請法の素地がない小規模事業者ほど、フリーランス法への正しい理解が必要です

Ⅱ. フリーランス法の規制内容

フリーランス法では、発注者に対してさまざまな規制が定められていますが、大別すると「(フリーランスとの)取引の適正化」と「(フリーランスの)就業環境の整備」で構成されています。さらに、一つひとつの規制には、発注者が果たさなければならない義務と、発注者がしてはならない禁止行為があります。

〔フリーランスとの〕取引の適正化

01 (フリーランスへの)取引条件の明示義務

フリーランスに業務委託をした場合に、直ちに取引条件を明示しなければなりません。

【明示が必要なもの】 「3条通知」といいます

委託者(発注者)・受託者(フリーランス)の名称等／委託日／給付(成果物や役務)の内容／成果物の受領や役務の提供を受ける期日・場所／検査完了日(成果物等の検査を実施する場合)／報酬額／支払期日／現金以外の方法で支払う場合の必要事項

【明示方法】

発注書　　契約書　　スマホ　　メール・添付ファイル　　ウェブサイトのURL

書面(書式は自由)でも、電磁的方法でもOK

02 期日における報酬支払義務

成果物の受領や役務の提供を受けてから、60日以内の支払が義務化されています。

03 （フリーランスに対する）禁止行為

1か月以上の期間行う業務を委託する場合、7つの禁止行為が規定されています。

成果物の受領拒否　　報酬の減額　　返品　　買いたたき

指定商品の購入・サービス利用の強制

不当な経済上の利益
（金銭や労務・サービス）の提供要請

不当な
給付（発注）内容の
変更・やり直し

フリーランスの
就業環境の整備

04 募集情報の的確表示義務

フリーランスを募集するときに、虚偽や誤解を生む内容にせず、また正確・最新の情報の表示が義務づけられています。

05 中途解除等の事前予告・理由開示義務

6か月以上の継続的業務委託契約については、中途解除や次の更新を行わない場合、事前予告等が必要になります。

06 育児介護等と業務の両立に対する配慮義務

フリーランスが妊娠・出産・育児・介護と業務が両立できるように、申出があった場合、業務委託契約の期間に応じて、配慮義務または配慮の努力義務が課せられています。

07 ハラスメント対策に係る体制整備義務

セクシュアルハラスメント、マタニティハラスメント、パワーハラスメントについて防止義務が課せられています。

Ⅲ. フリーランス法の「対応」判定表

　フリーランス法では、対象となる発注者を大きく2つに分類しています。どちらに該当するかで、右ページの表のように規制される範囲が異なります。

▶発注者の区分

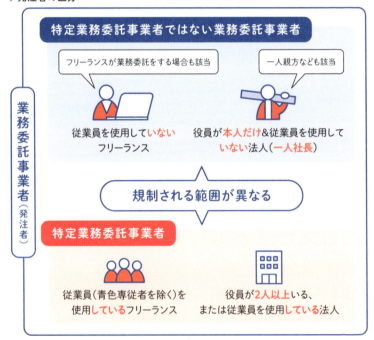

フリーランス法における従業員とは？

従業員とされるのは「**週所定労働20時間以上かつ31日以上の雇用が見込まれる者**」です。

就業規則や雇用契約書などで定められた休憩時間を除く始業時刻から終業時刻までの時間

⚠ 短期間・短時間などの一時的に雇用される者は含まれません。

▶ フリーランス法への「対応」判定表

継続的業務委託

フリーランス法の規定と本書の該当ページ		業務委託事業者（発注者）			
		特定業務委託事業者ではない	特定業務委託事業者		
			1か月未満の業務を委託	1か月以上の業務を委託	6か月以上の業務を委託
取引の適正化	取引条件を書面等で明示する **Part2** （第3条 取引条件の明示義務） 業務を委託したら直ちに明示	○	○	○	○
	報酬の支払日を明確にし厳守する **Part2** （第4条 期日における報酬支払義務） 成果物等を受領してから60日（再委託は元委託の支払期日から30日）以内に支払	—	○	○	○
	フリーランスに対する禁止行為 **Part3** （第5条 発注事業者の禁止行為） 7つの行為を禁止	—	—	○	○
就業環境の整備 **Part4**	広告等でフリーランスを募集するときのルールを守る （第12条 募集情報の的確表示義務） 虚偽でなく誤解も生まず、また正確かつ最新の情報を掲載		○	○	○
	契約解除または更新しない場合、事前に予告。請求があれば理由も開示 （第16条 中途解除等の事前予告・理由開示義務） 30日前までに事前予告	—	—	—	○
	妊娠・出産・育児・介護と業務を両立できるように配慮する （第13条 育児介護等と業務の両立に対する配慮義務） ・配慮できない場合は理由を説明 ・申出による不利益な取扱いの禁止	—	△ 努力義務	△ 努力義務	○
	ハラスメントによりフリーランスの就業環境が害されないように防止する （第14条 ハラスメント対策に係る体制整備義務） ・相談体制の整備・周知 ・就業規則などに罰則を規定	—	○	○	○

＋ フリーランスによる違反の申出などの手順と発注者の対応 **Part5**

＋ よくあるトラブル事例と解決のポイント **Part6**

Contents

【巻頭】

Ⅰ. フリーランス法早わかりQ&A ································· 2

Ⅱ. フリーランス法の規制内容 ································· 4

Ⅲ. フリーランス法の「対応」判定表 ························· 6

Part 1

新ルールで何が変わる?

フリーランス法の ポイントを理解しよう ································· 13

001 フリーランス法は「業務委託（委任や請負）」で働く事業者を守る法律 ····· 14

002 フリーランス法で「保護」の対象となる事業者 ················· 16

003 フリーランス法で「規制」の対象となる事業者 ················· 18

004 フリーランス法の対象となる「業務委託」とは ················· 20

005 保護・規制の2軸は「取引の適正化」と「就業環境の整備」 ········· 22

006 フリーランス法と既存の法律の関係①
下請法とは、規制・保護される事業者や取引が異なる ··········· 24

007 フリーランス法と既存の法律の関係②
労働法に準じて就業環境整備の義務が生じる ················· 26

008 フリーランス法で受ける影響は大企業より中小企業のほうが大きい ··· 28

009 フリーランス法に違反した委託事業者には
立入検査や是正勧告、命令、罰金も ······················· 30

Column フリーランス法と労働基準法は重複して適用されない ········· 32

Part 2

取引の適正化①

発注の基本となる「取引条件の明示」と 「報酬支払のルール」 ································· 33

010 特定受託事業者への業務委託では、
書面等による条件等の明示が必要 ························· 34

011 明示のルール①②③④
「名称」「委託日」「給付内容」の記載ポイント ……………………… 36

012 明示のルール⑤⑥
納品または役務の提供を受ける「期日」「場所」の記載ポイント … 38

013 明示のルール⑦⑧
「報酬額」「支払期日」の記載ポイント ………………………………… 40

014 明示のルール⑨
「報酬の支払方法」(現金以外で支払う場合)の記載ポイント ……… 42

015 報酬支払のルール①
「支払期日」の定め方〈通常委託〉 …………………………………… 44

016 報酬支払のルール②
「支払期日」の定め方〈再委託〉 ……………………………………… 46

Column 月単位の締切制度では「受領日から2か月以内」が支払期日 …… 48

Part 3 取引の適正化②

発注者に定められた フリーランスへの7つの「禁止行為」 …………… 49

017 1か月以上の期間行う業務委託における発注者の7つの禁止行為 … 50

018 発注者の禁止行為①
成果物の受領を拒否する ………………………………………………… 52

019 発注者の禁止行為②
報酬を減額する …………………………………………………………… 54

020 発注者の禁止行為③
成果物の受領後に返品する ……………………………………………… 56

021 発注者の禁止行為④
相場より著しく低い報酬額で買いたたく ……………………………… 58

022 発注者の禁止行為⑤
指定商品の購入やサービスの利用を強制する ………………………… 60

023 発注者の禁止行為⑥
金銭や労務・サービスを不当に提供させる …………………………… 62

024 発注者の禁止行為⑦
不当に発注内容の変更・やり直しをさせる …………………………… 64

Column 納得のいかない違約金や罰金の条項が
契約書・発注書等に記載されていないかを確認する ……………… 66

Part 4 フリーランスの就業環境の整備
「募集」「契約解除」「妊娠・出産・育児・介護」「ハラスメント」に関する発注者の義務 ……… 67

- 025 募集情報は虚偽・誤解のないように正確かつ最新の内容を表示する① …………… 68
- 026 募集情報は虚偽・誤解のないように正確かつ最新の内容を表示する② …………… 70
- 027 継続的業務委託の「解除」「不更新」は30日前までに予告する① ……… 72
- 028 継続的業務委託の「解除」「不更新」は30日前までに予告する② ……… 74
- 029 妊娠・出産・育児・介護と業務の両立に配慮する① ……………………… 76
- 030 妊娠・出産・育児・介護と業務の両立に配慮する② ……………………… 78
- 031 フリーランスに対するハラスメントの防止措置を講じる …………………… 80
- 032 業務委託におけるハラスメント①
  セクシュアルハラスメントには「対価型」と「環境型」がある ……………… 82
- 033 業務委託におけるハラスメント②
  マタニティハラスメントには「状態」と「配慮申出」への嫌がらせがある …… 84
- 034 業務委託におけるハラスメント③
  パワーハラスメントの認定に関与する3つの要素 …………………………… 86
- 035 ハラスメント対策に係る体制整備①
  ハラスメントに対する方針等を明確化し、周知・啓発する ………………… 88
- 036 ハラスメント対策に係る体制整備②
  相談窓口の設置など適切な対応のための体制を整備する ………………… 90
- 037 ハラスメント対策に係る体制整備③
  ハラスメント行為を迅速・正確に把握し適正な措置をとる ………………… 92
- 038 ハラスメント対策に係る体制整備④⑤
  プライバシー保護の措置・周知、
  不利益な取扱いをしない旨の周知・啓発 …………………………………… 94
- Column フリーランスへのハラスメント被害の実態 ………………………… 96

Part 5
問題解決のための手段
フリーランスによる違反の申出などの手順と発注者の対応 ……… 97

039 違反の申出をする前に確認したい2つの事項 ……… 98
040 万が一のトラブルに備えて証拠として残しておきたいもの ……… 100
041 違反行為を受けた場合には担当の行政機関に申し出る ……… 102
042 行政機関以外の相談窓口にはフリーランス・トラブル110番がある … 104
043 第三者の弁護士が両者の間に立って和解を目指す「和解あっせん」 … 106
044 民事上の解決手段として考えられる「少額訴訟」と「支払督促」 …… 108
Column 支払督促や少額訴訟に踏み切る前に、
催促状や催告書で請求の意思を示す ……… 110

Part 6
発注者とフリーランスの問題を解決!
よくあるトラブル事例と解決のポイント ……… 111

045 報酬の減額・買いたたきにかかわるトラブル ……… 112
046 支払期日・納期にかかわるトラブル ……… 118
047 受領拒否・返品にかかわるトラブル ……… 120
048 やり直しにかかわるトラブル ……… 122
049 購入・利用・提供の要請にかかわるトラブル ……… 124
050 知的財産権にかかわるトラブル ……… 126
051 募集広告・ハラスメントにかかわるトラブル ……… 128
052 解除の事前予告にかかわるトラブル ……… 132

【巻末特典】
● すぐ役立つ!「発注書(業務委託内容別)」「解除通知書等」記載サンプル … 134

● 索引 ……… 142

■ 『ご注意』ご購入・ご利用の前に必ずお読みください

本書記載の情報は、2024 年 9 月 20 日現在のものになりますので、ご利用時には変更されている場合があります。

本書に記載された内容は、情報の提供のみを目的としています。したがって、本書を参考にした運用は、必ずご自身の責任と判断において行ってください。本書の情報に基づいた運用の結果、想定した通りの成果が得られなかったり、損害が発生しても弊社および著者、監修者はいかなる責任も負いません。

本書は、著作権法上の保護を受けています。本書の一部あるいは全部について、いかなる方法においても無断で複写、複製することは禁じられています。

THE BEGINNER'S GUIDE TO FREELANCE ACT

Part

1

新ルールで何が変わる?

フリーランス法の
ポイントを理解しよう

001
THE BEGINNER'S GUIDE
TO FREELANCE ACT

フリーランス法は「業務委託（委任や請負）」で働く事業者を守る法律

▶ 活躍の場が広がるフリーランスを保護

これまで働き方の主流は、会社と雇用関係を結ぶというものでした。しかし、終身雇用の限界や副業を認める企業の増加、デジタル化の進展や時間・場所にとらわれない働き方へのニーズなどを背景に、フリーランスという形での働き方が増えています。

こうした動きのなかで、労働基準法などの保護の対象外である個人で仕事をするフリーランスとの取引の適正化に向けた法整備が進められてきました。

フリーランスには、専門的な知識や技能を持ち、発注者（委託元の事業者）と対等な関係を築くことが可能な人がいる一方で、それほど専門的な知識や技能を必要としない職種では、委託元の事業者の力が強く、会社と対等な交渉が難しい立場に置かれる人が少なくありません。実際、報酬の未払や一方的な契約変更・解除などのトラブルが少なからず発生しています。

そこで、2024年11月から**業務委託（委任や請負）で働くフリーランスを守る法律としてスタートしたのが「特定受託事業者に係る取引の適正化等に関する法律」（フリーランス法）**です。

フリーランス法は下請法、労働基準法など、既存の法律を参考に制定され、「**取引の適正化**」と「**就業環境の整備**」を図る法律です。業務内容や報酬金額、支払期日などの条件をあらかじめ明示することや、発注者に禁止される行為、妊娠・出産・育児・介護に対する配慮、ハラスメントの防止措置、契約解除の予告など、**発注者への規制**と**違反時の罰則**が盛り込まれています。

● 社員とフリーランスの働き方の違いと法的な保護

種別	被雇用者		フリーランス
	正規雇用	非正規雇用	
	雇われている		雇われていない
法的な保護	最低賃金　　労働時間		優越的地位の濫用(独占禁止法)
	解雇規制　　労災保険		下請法

課題

独占禁止法では執行が遅れるおそれがあり、下請法は適用外となる取引も多いなどの問題あり

● フリーランスのトラブルの内容

【トラブル経験の有無】

ない 77.0%	ある 23.0%

【トラブルの内訳】

報酬の支払いが遅れた・期日に支払われなかった	36.1%
あらかじめ定めた報酬を減額された	21.4%
発注者の都合で、やり直しや追加作業を行ったにもかかわらず、それに伴う追加費用を負担してもらえなかった	17.0%
市価などと比較して著しく低い報酬を不当に定められた	9.2%
注文された物品等の受取りを拒否された	3.5%
発注者が指定する物(備品、原材料等)、サービス(有料セミナー、研修等)を強制的に購入・利用(受講)させられた	3.5%
不当に協賛金などの金銭や、契約内容にない労務等を提供させられた	2.9%
納入した物品等を返品された	2.3%
その他の納得できない行為があった	4.1%

出典:「令和4年度フリーランス実態調査結果」(内閣官房)より作成

まとめ

□ フリーランス法は業務委託で働くフリーランスを守る法律
□「取引の適正化」と「就業環境の整備」を図る

Part 1 フリーランス法のポイントを理解しよう

002 THE BEGINNER'S GUIDE TO FREELANCE ACT

フリーランス法で
「保護」の対象となる事業者

● 保護対象は「個人」と「一人会社」

　フリーランス法という通称から、個人のフリーランスのみが保護の対象であると思われがちですが、そうではありません。発注者から業務を委託される事業者のうち、右ページの表の2つの類型のいずれかに当てはまる「特定受託事業者」が保護の対象になります。

　類型②のように、**法人であっても役員が代表者のみで、従業員を雇わずに1人で経営している「一人会社」も保護対象**となります。

　ただし、個人（類型①）、法人（類型②）とも、「従業員を使用しない」ことが保護対象の要件です。ここでいう**従業員とは「週の所定労働時間が20時間以上、かつ勤務開始時から31日以上の雇用が見込まれる者」**のことです。

　したがって、たとえ雇用している者がいても、この条件を満たしていなければ、フリーランス法の対象となります。たとえば、忙しい時期に数日間だけアルバイトを雇っているようなフリーランスは、従業員を雇用していることにはならないので保護の対象になります。

　また、仕事を手伝っている同居親族は従業員とはみなされないため、同居親族しか使用していない場合も保護の対象になります。たとえば、企業と雇用契約を結ばずに個人で宅配を請け負うドライバーなどのギグワーカーは、通常、従業員を使用していないでしょうから、原則としてフリーランス法の保護対象となります。

　なお、会社とその会社の取締役等の役員との契約関係は会社内部の関係に過ぎず、その会社にとっての他の事業者とはいえないため、その会社と役員との関係にはフリーランス法は適用されません。

● 特定受託事業者の類型

類型❶	個人で、従業員※1を使用しない
類型❷	法人で、代表者以外に他の役員※2がおらず、かつ従業員を使用しない

※1 短時間・短期間の一時的に雇用される者は含まない
※2 理事、取締役、執行役、業務を執行する社員、監事もしくは監査役など

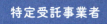
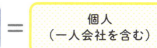

特定受託事業者 ＝ 個人（一人会社を含む）

● 従業員に該当する・該当しない(例)

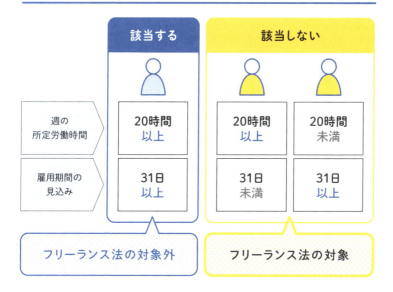

	該当する	該当しない	該当しない
週の所定労働時間	20時間以上	20時間以上	20時間未満
雇用期間の見込み	31日以上	31日未満	31日以上

フリーランス法の対象外 ／ フリーランス法の対象

まとめ
- □ 従業員を使用していないことが保護対象の条件
- □ 仕事を手伝っている家族は従業員の対象外

003 THE BEGINNER'S GUIDE TO FREELANCE ACT

フリーランス法で
「規制」の対象となる事業者

▶ 業務を委託する事業者が規制の対象となる

フリーランス法の保護対象が個人と一人会社であるのに対して、**規制されるのは委託業務の発注者である「業務委託事業者」**です。

フリーランス法には主に7項目の規制がありますが（P.22参照）、**フリーランス法がフルに適用されるのは、発注者が「特定業務委託事業者」**の場合です。

この特定業務委託事業者とは、業務委託事業者のうち「①個人で従業員を雇用」か、「②法人で役員が2人以上いる、または従業員を雇用」のいずれかに該当する事業者です。

注意したいのは、**従業員を雇用していない個人や一人会社であっても、フリーランスに業務を発注する場合は、業務委託事業者となり、フリーランス法の一部の規制対象になる**点です。具体的には、フリーランス法の7つの規制のうち、「書面等による取引条件の明示」が義務づけられています。この取引条件の明示はフリーランス法の第3条に規定されているため、一般的に「3条通知」と呼ばれています。

なお、発注者が業務委託事業者（特定業務委託事業者を含む）であっても、業務を請け負う受託者が特定受託事業者（P.16参照）に該当しない場合は、フリーランス法の規制の対象外となります。

また、一般の人が家族写真の撮影をフリーランスのカメラマンに依頼するなど、**発注者（委託者）が消費者**の場合も、**フリーランス法の対象とはなりません**。

● フリーランス法の規制対象と保護対象

規制対象

業務委託事業者
（発注者）

特定業務委託事業者

❶個人の場合
従業員を雇用している
❷法人の場合
役員が2人以上いる、または従業員を雇用している

→ 業務委託 →

保護対象

特定受託事業者
（+特定受託業務従事者※）

※個人であれば本人、法人であれば代表者のこと。フリーランス法では、法人については法人格だけでなく、代表者個人も「就業環境の整備」の保護対象となる

フリーランスが安心・安全に業務を引き受けられるように、フリーランス法により「取引の適正化」「就業環境の整備」が義務化！

● フリーランス法の適用外のケース

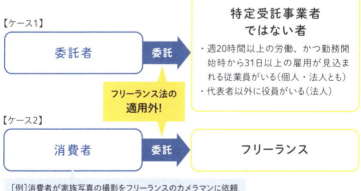

【ケース1】
委託者 → 委託 → 特定受託事業者ではない者
・週20時間以上の労働、かつ勤務開始時から31日以上の雇用が見込まれる従業員がいる（個人・法人とも）
・代表者以外に役員がいる（法人）

フリーランス法の適用外！

【ケース2】
消費者 → 委託 → フリーランス

［例］消費者が家族写真の撮影をフリーランスのカメラマンに依頼

まとめ
□ フリーランス法はほぼすべての企業・個人事業主に関係する
□ 規制対象は事業者間の取引に限定される

004 THE BEGINNER'S GUIDE TO FREELANCE ACT

フリーランス法の対象となる「業務委託」とは

● 下請構造にある取引に限定されない

　フリーランス法が対象とする「業務委託」とは、事業者がその事業のために、ほかの事業者に仕様や内容等を指定したうえで、一定内容の委託をする取引のことです。業務委託に関連する法律に下請法（P.24参照）があります。**フリーランス法も適用対象となる取引類型は下請法に類似**し、3つの類型に大別されます。

　一つは**製造委託**。原材料を加工して新たな物品を製造したり、加工したりすることを依頼するもので、対象は物品などに限られます。

　一つは**情報成果物作成委託**。ゲームや会計ソフトなどのソフトウェア、電化製品の制御機能などのプログラム、映像コンテンツなどの作成依頼のほか、設計やデザインの委託などの依頼が該当します。前出の製造委託は手に取れる（形がある）物品が対象ですが、情報成果物はプログラムや映像など形のないものが対象です。

　もう一つは**役務提供委託**。他人のための労務や便益、いわゆるサービス（＝役務）を依頼するものです。運送、コンサル、営業、演奏、セラピーなどのサービス提供が広く該当します（なお、下請法の「修理委託」はフリーランス法では「役務提供委託」に含まれます）。

　下請法とのいちばんの違いは、**フリーランス法では下請構造にない取引も規制対象**になることです。下請法では対象外である社内で使用するシステムの構築や自社工場の清掃作業などのいわゆる自家利用役務の提供委託も保護対象となります。また、フリーランス法では業種・業界の限定がなく、**すべての業務委託が対象**です。下請法では対象外の建設工事も、フリーランス法では対象となります。

● 対象となる業務委託の範囲

フリーランス法

下請法

委託者のBtoBやBtoCで
提供するために必要な業務

製造委託　　　　修理委託

情報成果物　　　役務提供委託
作成委託

業種・業界を問わず、
また、下請構造にない
取引も含めた業務

● フリーランス法の規制対象となる業務の具体例

製造委託

家具メーカーが商品の製造を家具職人
に依頼

発注者の製造過程で用いる製造機械
や工具の製造なども含まれる

情報成果物作成委託

ソフトウエアやテレビ番組、設計図など
の制作を委託

自社で使用するシステムの開発の委
託なども含まれる

役務提供委託

運送業者や清掃業者が、役務提供を他
の事業者に委託

自社工場内の清掃作業等の業務委託
など、いわゆる自家利用役務も含まれる

下請法では規制の
対象外だった業務が加わり、
ほとんどの業務が対象となる

※下請法上の「修理委託」はフリーランス法では「役務提供委託」
に該当する

まとめ

☐ フリーランス法では下請構造にない取引も保護の対象となる

☐ 下請構造にない自家利用役務の提供委託等の委託も保護の対象

Part
1

フリーランス法のポイントを理解しよう

005
THE BEGINNER'S GUIDE
TO FREELANCE ACT

保護・規制の2軸は
「取引の適正化」と「就業環境の整備」

● 取引条件の明確化と就業環境への配慮

　一人の個人として業務委託を受けるフリーランスと、組織である発注者との間には、交渉力や情報収集力の格差が生じやすくなります。このため、フリーランスは取引上弱い立場に置かれやすいという特性があります。

　そこで、フリーランス法では、**右ページの大きく7項目が発注者側の義務および禁止事項**として課せられています。詳細は後述しますが、①〜③が「取引の適正化」に関する項目、④〜⑦が「就業環境の整備」に関する項目（Part4参照）となります。

　このうち①の**「書面等による取引条件の明示」はすべての発注者**に課されているものです。たとえ、発注者が個人や一人会社であっても、業務を委託する際には必ず書面やメールによる条件提示が必要となります（P.34参照）。

　これに加えて、**特定業務委託事業者**（P.18参照）は②④⑥も守らなければなりません。

　また、一定期間以上継続的に業務を委託する場合はさらにルールが増えます。特定受託事業者にとって、継続的な業務の受注は収入の安定につながる一方で、発注者である業務委託事業者からの要求にノーと言いづらい状況が生まれがちで、無理なコストダウンや納期を迫られることが現実によく起きています。

　こうしたことから**一定期間以上継続的な業務の委託**については、前記した特定業務委託事業者に対する規制項目に加え、③⑤⑦が定められています。詳しくはPart2以降で説明します。

● 7つの規制項目

Part 1 フリーランス法のポイントを理解しよう

規制項目			概要
取引の適正化	規制❶	書面等による取引条件の明示	業務委託契約を結ぶ前に「業務内容」「報酬額」「支払期日」等の取引条件を書面やメール等により明示しなければならない
	規制❷	報酬の支払に関するルール	納品日等から数えて60日(再委託の場合は元委託の支払期日から数えて30日)以内に報酬支払期日を設定・支払を完了しなければならない
	規制❸	報酬の減額や買いたたきなど7つの禁止行為	一定期間以上業務を委託する場合の禁止事項。相場より著しく低い報酬額の設定や、理由なく自社サービスの利用を強制することなどが禁止されている
就業環境の整備	規制❹	募集情報の的確な表示	広告等の募集情報において、虚偽の表示や誤解を与える表示をしてはならない。また、内容を正確かつ最新のものに保たなければならない
	規制❺	妊娠・出産・育児・介護に対する配慮	一定期間以上業務を委託する場合、育児や介護等と業務を両立できるよう、フリーランスの申出に応じて必要な配慮を行わなければならない
	規制❻	ハラスメントに対する防止措置の整備	フリーランスに対して、ハラスメントが行われないように、相談窓口を設置するなど必要な措置を講じなければならない
	規制❼	中途解除等の事前予告	一定期間以上業務を委託している場合、契約の中途解除や新たに更新をしない場合には、原則として30日前までに予告しなければならない

すべての業務委託事業者に適用される規制 　　❶

特定業務委託事業者のみに適用される規制 　　❷❹❻(共通)

❸❺❼(一定期間以上の業務委託)

まとめ
□ 特定業務委託事業者かどうかで規制項目は変わる
□ 継続的業務の委託には、3つの規制項目が追加される

006 THE BEGINNER'S GUIDE
TO FREELANCE ACT

フリーランス法と既存の法律の関係①

下請法とは、規制・保護される
事業者や取引が異なる

◉ 下請法とはフリーランスとの取引である点が違う

　フリーランス法は下請法を参考に制定されています。下請法は独占禁止法の禁止行為である「優越的地位の濫用」を補完する法律として制定されたものです。フリーランス法と下請法は、取引条件の明示義務や報酬の支払に関するルール、禁止行為など、その規制の大枠は類似しています。もっとも、フリーランス法には、**①フリーランスとの取引が対象、②発注する側も小規模な事業者であることが多い**、といった観点からの下請法との相違点がいくつかあります。

　大きな相違点の一つが、**規制や保護の対象となる事業者の範囲の違い**です。下請法では、規制対象となる発注者（親事業者）や保護対象となる受注者（下請事業者）を資本金により区分しますが[※1]、フリーランス法では資本金区分は用いられません。対象の取引もフリーランス法は非常に広くなっています。これらにより、下請法の適用外となってしまう取引が多いという課題を解消しています。また、発注側も小規模な事業者であることが多いという観点からの大きな相違点の一つとして、フリーランス法では、**原則的な支払期日のルール**（P.44 参照）**に対して、再委託の場合に例外**が設けられています。発注者の資金繰り等に配慮し、支払期日のルールを一定程度緩和するものです（P.46 参照）。

　さらに、違反があった場合に下請法は「勧告」による対応がなされますが[※2]、フリーランス法では、正当な理由なく勧告に従わない場合、フリーランス法に基づき「命令」ができることも特徴です。

[※1]　親事業者は資本金 1,000 万円超、製造委託や修理委託においては、親事業者の資本金が 3 億円以上の場合、下請事業者の資本金は 3 億円以下で対象になるなど、例外があります。
[※2]　下請法では勧告に従わない場合、独占禁止法による命令が想定されています。

● 下請法とフリーランス法の違い

下請法	比較項目	フリーランス法
資本金が一定額を超える事業者（法人）	規制対象	すべての業務委託事業者（個人事業主、法人） **POINT 01**
資本金が一定額以下の下請事業者（個人を含む）	保護対象	すべての特定受託事業者（従業員のいない個人事業主、一人会社）
「製造委託」「修理委託」「情報成果物作成委託」「役務提供委託」⇒基本的に下請構造の取引が対象で、自家利用役務は含まない	対象取引	「製造委託」「情報成果物作成委託」「役務提供委託（修理委託・自家利用役務・建設工事等含む）」⇒業務委託の内容が限定されない **POINT 02**
取引条件の明示、60日以内の報酬支払 etc.	義務内容	取引条件の明示、60日以内の報酬支払 etc. **POINT 03**
不当な受領拒否や減額 etc.	禁止行為	不当な受領拒否や減額 etc.
50万円以下の罰金	罰則	50万円以下の罰金

大枠は類似しているが、詳細は異なる！

【下請法との違い】

POINT 01
発注側は小規模事業者も規制対象
下請法では規制されていなかった個人事業主や小規模企業にもルールが適用され、発注書の作成など事務負担が増加。

POINT 02
業務委託の内容が限定されない
下請法では下請構造の取引に対象が限定されていたが、フリーランス法では、下請法で対象外の取引も対象となる。

POINT 03
再委託の場合の例外がある
下請法と報酬の支払期日のルールは共通しているが、フリーランス法では、再委託の場合に一定の例外があり、支払期日を延長できる場合がある。

まとめ
□ 下請法とは、規制・保護される事業者の範囲が異なる
□ 下請構造にない取引も対象になる

Part 1 フリーランス法のポイントを理解しよう

007 THE BEGINNER'S GUIDE
TO FREELANCE ACT

フリーランス法と既存の法律の関係②

労働法に準じて
就業環境整備の義務が生じる

▶ フリーランスや一人会社が継続的に業務を行えるよう配慮する

　フリーランスは、雇用されていない以上、**労働時間や賃金、休日など労働条件の最低基準を定めた労働基準法などが適用されません**。そういった労働関係法令の対象となるのは労働者（社員）です。

　労働者とは、使用者と雇用契約を結び、使用者の指揮命令に従って労務を提供する者のことです。使用者から指揮命令を受ける従属関係になるため、立場の弱さから不当な扱いを受けないように労働関係法令で保護されています。

　一方、**フリーランスや一人会社が結ぶのは雇用契約ではなく、業務委託契約**です。本人が業務を受けるかどうかを決めることができ、労働時間や働く場所も原則として拘束されません。使用者の指揮命令を受ける立場になく、仕事の段取りややり方についてはフリーランス側に委ねられます。

　このように、外形的にはフリーランスと使用者は同じ事業者同士として対等な立場であることから、労働関係法令の対象外となっています。

　しかし近年、フリーランスとして働く人が増加し、必ずしも企業と対等ではない場合も増えています。

　そこで、フリーランス法では**「募集情報の的確表示」「妊娠・出産・育児・介護などへの配慮」「ハラスメント行為に対する防止措置・対応窓口の設置」「契約解除や更新打ち切りにおける 30 日前予告」**など、フリーランスが安全・安心に就業できる環境整備が発注者に義務づけられています。詳しくは Par4 で説明します。

● 業務委託契約の範囲

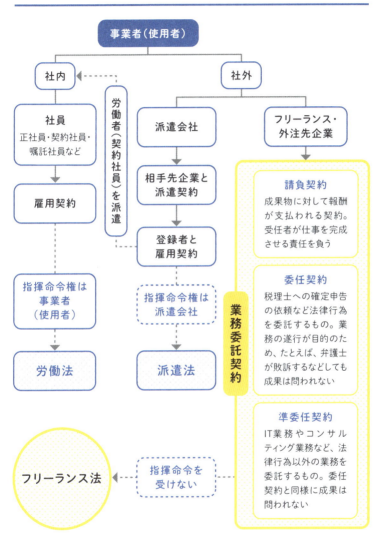

まとめ
- □ フリーランス法は労働法の要素も併せ持つ
- □ 発注者には、就業環境の整備が求められる

008 THE BEGINNER'S GUIDE TO FREELANCE ACT

フリーランス法で受ける影響は
大企業より中小企業のほうが大きい

● フリーランス法の該当事業者か確認が必要

　大企業は下請法への対応で培ったノウハウを、フリーランス法に応用できますが、多くの中小企業はゼロベースでの対応となります。「令和4年度フリーランス実態調査」（内閣官房）によると、資本金1,000万円以下の企業との取引が売上の過半を占めるフリーランスの割合は約36％を占めていて、中小企業の発注者への影響が大きいことがうかがえます。

　契約書を交わさず、口頭で業務を発注することが慣例化している業種・企業もあるでしょう。しかし、フリーランス法では、すべてのフリーランスとの業務委託に、書面またはメールなどで給付内容や報酬など、所定の取引条件を明示することが義務づけられます。仮に発注者がフリーランスや一人会社であっても、取引条件の明示は必須なので、そのぶんの事務負担が増えます。そもそも、**①委託する業務が「業務委託契約」に該当するか、②相手先が保護対象となる特定受託事業者に該当するか**の確認も必要です。

　さらに大企業では、下請法については対応済みの企業が多く、対象者をフリーランス等に拡大しても、負担の増加は限定的ですが、下請法の規制対象外だった、たとえば資本金1,000万円以下の企業では、早急な体制づくりが求められます。

　また、たとえばハラスメント相談窓口も設置すればよいだけでなく、適切な対応ができる仕組みも整えなければなりません。自社の社員への**規制内容の周知徹底も重要ですし、フリーランス法に則った業務委託マニュアルの作成**などの準備も必要になります。

● 業務委託事業者（発注者）に新たに必要となる確認業務

1 業務委託に該当するか？（P.27参照）

2 発注先は特定受託事業者（P.16参照）に該当するか？

【特定受託事業者該当チェックフロー】

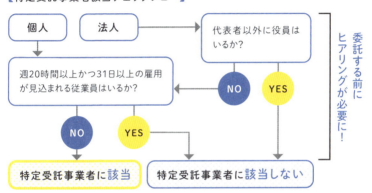

● 規模別の業務委託事業者（発注者）への影響

影響小 ⇔ 影響大

大企業
・下請法、ハラスメント防止などに対応済み
・フリーランスや一人会社など特定受託事業者に業務委託することは少ない

⇒
・既存のシステム、ルールをアップデート
・事務手続微増

下請法 対応済み企業
（概ね資本金1,000万円超）
・フリーランスや一人会社など特定受託事業者に業務委託することが多い

⇒
・新たにルール、システムを一部追加
・事務手続増

下請法 未対応企業
（概ね資本金1,000万円以下）
・フリーランスや一人会社など特定受託事業者に業務委託することが多い

⇒
・新たにルール、システムをゼロから準備
・事務手続増

まとめ
☐ 下請法未対応の企業は早めの準備が必要
☐ 規制内容の周知徹底、業務委託マニュアルなどを用意

009 THE BEGINNER'S GUIDE TO FREELANCE ACT

フリーランス法に違反した委託事業者には立入検査や是正勧告、命令、罰金も

● 命令違反や検査拒否には罰金が科される可能性も

　フリーランス法の規制の対象になるのは、仕事を発注する側の業務委託事業者です。特定受託事業者は、書面による契約条件などの提示がなかったり、ハラスメント行為があったりするなど、フリーランス法に違反する行為を受けた場合、**公正取引委員会、中小企業庁長官、または厚生労働大臣（以下「当局」）に違反の事実を申し出て、適当な措置を要求**できます。申出の手順などの詳細はPart5で解説しますが、当局が申出を受けると、必要な調査が行われ、事実であることが認められれば、適切な措置をとるとされています。

　事実関係の調査では、発注者と特定受託事業者の双方への聞き取りだけでなく、事業所への立入検査が行われることもあります。申出の内容が事実であると判断されると、発注者に対して**助言**や**指導**、**勧告**が行われ、発注者は具体的な措置を講じなければなりません。正当な理由なく勧告に従わない場合、当局は勧告に係る措置をとるように**命令**することができるとされています。

　検査を拒否したり、命令に従わなかったりした場合には、50万円以下の罰金が違反行為を行った違反者本人と法人の両方に科されます（両罰規定）。また、ハラスメント対策についての報告を求められた場合に、**無視、虚偽の報告などをすると、20万円以下の過料**が科されます。

　申出をするかどうか迷ったときは、相談窓口として厚生労働省委託事業の**フリーランス・トラブル110番**（P.104参照）があります。

● フリーランス法の違反についての担当所轄と措置

違反項目 P.23「7つの規制項目」に対応	助言・指導	勧告	立入検査	命令	命令違反・検査拒否等への刑事罰
契約条件が書面等で明示されない	公正取引委員会・中小企業庁	公正取引委員会	公正取引委員会・中小企業庁	公正取引委員会 ※公表も可	50万円以下の罰金
報酬の支払が60日を超える					
7つの禁止行為違反					
募集情報に虚偽や誤解を生む表示がある	厚生労働大臣 (都道府県労働局長)	厚生労働大臣 (都道府県労働局長)	厚生労働大臣 (都道府県労働局長)	厚生労働大臣 (都道府県労働局長) ※公表も可	ー
妊娠・出産・育児・介護への配慮がされない		ー	ー	ー	ー
ハラスメントに対する防止措置が未整備		厚生労働大臣 (都道府県労働局長)	ー (報告徴求は可能)	ー	ー
30日前までに契約解除・不更新の予告がなかった		厚生労働大臣 (都道府県労働局長)	厚生労働大臣 (都道府県労働局長)	厚生労働大臣 (都道府県労働局長) ※公表も可	50万円以下の罰金

・違反事業者への是正等は段階を踏んで行われる。当局による是正に向けた措置のほか、当局からの公表やSNS等による情報の拡散により、業務委託先等を探すのが困難になるなどの恐れもあるため、速やかに対応することが重要
・フリーランス法違反に加え、独占禁止法（優越的地位の濫用）や下請法にも違反している場合、原則としてフリーランス法が優先的に適用され、重ねて独占禁止法上の命令や下請法上の勧告がなされることはない

まとめ
- □ 特定受託事業者の申出により調査が行われる
- □ 立入検査や勧告、命令が行われたり、罰金が科される可能性もある

● Column

フリーランス法と労働基準法は
重複して適用されない

　労働基準法の労働者の定義は「職業の種類を問わず、事業又は事務所に使用される者で、賃金を支払われる者」とされています。つまり、①労働が他人の指揮監督下において行われている（他人に従属して労務を提供している）、②報酬が「指揮監督下における労働」の対価として支払われている、この2つの基準（総称して、使用従属性といいます）で判断されます。

　フリーランスが請負契約などの呼び方の下で仕事をする場合でも、先ほどの使用従属性の基準を満たしており、その働き方の実態が労働基準法における労働者であると認められた場合は、フリーランス法ではなく、労働基準法の労働時間や賃金などのルールが適用されることになります。

　使用従属性が認められるかどうかは、請負や委任などの契約形式にかかわらず、契約の内容や労務提供の形態、報酬の算出方法などの要素から、個別の事案ごとに総合的に判断します。

　つまり、働き方の実態によってフリーランス法か、労働基準法か、どちらかが適用され、重複して適用されることはありません。

　また、近年増加している発注者とフリーランスを仲介する仲介事業者（プラットフォーマー）は、仲介しているだけであればフリーランス法の規制対象外です。他方で、フリーランスに対して再委託をしていたり、実質的にフリーランスに業務委託をしていたりする場合には、発注者（業務委託事業者）としてフリーランス法の規制対象となります。

THE BEGINNER'S GUIDE TO FREELANCE ACT

Part

2

取引の適正化①

発注の基本となる
「取引条件の明示」と
「報酬支払のルール」

010 THE BEGINNER'S GUIDE
TO FREELANCE ACT

特定受託事業者への業務委託では、書面等による条件等の明示が必要

● 第三者にもわかる形で記録を残す

フリーランス法上、**発注者は業務の内容など決められた項目を書面または電磁的方法で明示**しなければなりません。これを「3条通知」といい、一人会社や従業員を雇っていない個人事業者が発注する側となった場合も明示が必要です。3条通知は必要事項が記載されていれば、発注書や契約書などの書式は問いません。紙以外にメールやSNSなどの電磁的方法（受信者を特定して送信できるものに限定）でもOKですが、特定受託事業者（以下「フリーランス」）から紙による交付を求められたときは対応しなければなりません。

詳しくは次項以降で説明しますが、3条通知で明示が必要なのは、**①発注者の名称等、②フリーランスの名称等、③委託日、④給付内容（成果物や役務の内容等）、⑤給付の受領（納品）または役務の提供を受ける期日・場所、⑥検査完了日（検査をする場合）、⑦報酬額、⑧支払期日、⑨支払方法に関する必要事項（現金以外の場合）**、です。委託時に未定事項がある場合は、その理由および内容を定める予定期日を明記し、決まり次第明示しなければなりません。

また、一定期間、同種の委託を複数回行う場合は、あらかじめ**共通する事項を有効期間とともに明示**しておけば、個々の委託のたびに改めて明示する必要はありません。ただし、明示済みの共通事項との関連性を記載しておくことが条件です。

なお、ほかの事業者から受託した業務の一部または全部をフリーランスに**再委託**する場合、再委託であることなど一定事項を明示することによる報酬の支払期日のルールの例外があります（P.46参照）。

34

● 3条通知で明示が必要な事項

❶	発注者の名称等	
❷	フリーランスの名称等	
❸	委託日	P.36参照
❹	給付内容 (成果物や役務の内容等)	
❺	給付の受領(納品) または役務の提供を 受ける期日・場所	P.38参照

❻	検査完了日 (検査を実施する場合)	P.38参照
❼	報酬額	P.40参照
❽	報酬の支払期日	
❾	報酬の支払方法に 関する必要事項	P.42参照

> フリーランス法の第3条で
> 定められていることから**3条通知**という

業務委託事業者(企業だけでなく、個人が発注者になる場合も対象)は、フリーランスに業務を委託した場合、直ちに上記の各事項をフリーランスに書面または電磁的方法により明示する必要がある

● 3条通知の明示方法　記載サンプルは「巻末特典(P.134)」参照

❶記載する書面等の形式

「3条通知」として 書面を発行	「発注書」などに3条通知の 内容を盛り込んで記載	メールやPDFの添付、 電子契約など「電磁的方法」で明示

明示されていれば、どの方法でもOK! 発注者が選択できる

※フリーランス法と下請法の両方が適用される場合は、同一の書類やメールなどに、両法が定める記載事項を併せて一括で記載してもかまわない。ただし、**電磁的方法での明示にはフリーランスの事前承諾が必要**

❷一定期間、同種の委託を何回か行う場合

共通する事項を 有効期限とともに 明示した書面等 (基本契約書等)	+	発注書等 ※「○○(共通事項)は、△年△ 月△日付け基本契約書のとおり」 などと記載することで省略可能	+	発注書等 ※「○○(共通事項)は、△年△ 月△日付け基本契約書のとおり」 などと記載することで省略可能	…

毎回の発注書等

まとめ

☐ 紙の書面以外にメールなどの電磁的方法での明示も可能

☐ 未定事項は決定した時点で、すぐに明示する

Part 2
発注の基本となる「取引条件の明示」と「報酬支払のルール」

35

011 THE BEGINNER'S GUIDE TO FREELANCE ACT

明示のルール①②③④

「名称」「委託日」
「給付内容」の記載ポイント

● ペンネームや屋号でも相手が特定できればOK

3条通知では、**発注者、受注者の双方の名称や氏名**の明示が必要です。法人の**登記された名称（商号）や個人の本名に限らず、互いを識別可能な番号・記号等でもよい**とされています。

会社であれば法人番号でもかまいませんし、個人であれば、ペンネームや屋号などでもかまいません。ただし、トラブル防止のため、相手方の本名や登記されている商号などはあらかじめ把握しておくとよいでしょう。

また、**業務を委託した日付**として、発注者とフリーランスとの間で業務委託をすることについて**合意した日**を明示します。

さらに、**給付内容の明示**も必要です。給付内容とは、簡単にいえば、フリーランスから提供を受ける**成果物**や**役務**についての注文内容のことです。成果物は、製造・加工や情報成果物の作成を委託した場合にフリーランスから納品される「製造・加工済みの物品」や「情報成果物（プログラムや映像コンテンツなど）」のこと。役務は、土木工事や運送、仲介、興行、出演などを委託した場合に提供される労働やサービスのことをいいます。

給付内容が不明確だと、業務に支障をきたしかねません。**品目、品種、数量、規格、仕様**などを具体的に明示することが大切です。

なお、フリーランスから業務委託の目的たる使用の範囲を超えて**知的財産権の譲渡・許諾**を受ける場合には、給付内容として、譲渡・許諾を受ける範囲も明確に記載する必要があります（P.62参照）。

● 委託日とは?

- 2024年10月31日まで(フリーランス法の施行前)に結んだ業務委託契約については、3条通知(P.34参照)による明示は不要。
- 2024年11月1日以降(フリーランス法の施行後)の新規契約や契約更新(自動更新を含む)については、3条通知による明示が必要。

● 給付内容の例

❶ 製造・加工済みの物品(不動産は含まない)

❷ 情報成果物

プログラム	映像コンテンツ	文字・デザイン等
ゲームソフト、会計ソフト、家電製品の制御プログラム、顧客管理システムなど	テレビ番組、テレビCM、ラジオ番組、映画、アニメーションなど	設計図、ポスターデザイン、商品やパッケージのデザイン、コンサルティングレポート、雑誌広告、漫画、イラスト、小説など

❸ 役務(サービス全般。士業も含む)

「品目」「品種」「数量」「規格」「仕様」などを
給付内容に合わせて明示する(P.134参照)

まとめ
- □ 名称の明示はニックネームや識別可能な番号・記号等もOK
- □ 給付の内容は数量や規格など具体的な明示が必要

012 THE BEGINNER'S GUIDE TO FREELANCE ACT

明示のルール⑤⑥

納品または役務の提供を受ける 「期日」「場所」の記載ポイント

●「場所」の記載については省略できるケースもある

物品の製造や加工などを委託した場合は、フリーランスからその**成果物を受け取る期日（納品日）・場所**を明示します。

情報成果物の作成を委託した場合、成果物の内容を記録した電磁的記録媒体を受け取る期日や、メール添付やサーバー経由でデータを受け取る期日を記載します。メール等の場合、場所については、提出先として**メールアドレス等**を記載すればよいことになっています。

一方、役務の提供を委託した場合は、**サービスを受ける日**が明示すべき期日となります。一定期間、サービスの提供が行われる場合は、その期間を明示します。場所については、原則として記載が必要ですが、給付内容（P.36 参照）に明示されている場合や、インターネット経由で役務が提供されるなど、**場所の特定が不可能な場合は明示する必要はありません**。

また、納品された物品などについて品質や数量、仕様などが委託内容どおりかを検査する場合は、その**検査完了日**についても明示する必要があります。その際、具体的な年月日の代わりに、「納品のあった日の翌日から○日以内」、あるいは前記「○日以内」を「○営業日以内」とすることも認められています。

ただし、フリーランスが明確に理解できる内容であることが重要なので、「○営業日以内」とする場合などは、お互いに認識の違いが生じないようにしておく必要があります。たとえば、発注者のサイトで営業日や定休日を確認できるようにしておき、双方が同じ日数と認識できるようにしましょう。

●「期日」「場所」の明示における注意点

❶情報成果物をメールへの添付やサーバー経由で納品してもらう場合

期日：受信（予定）日
場所：メールアドレスやアップロード先のURL等

❷役務の提供を受ける場合

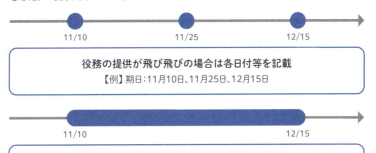

役務の提供が飛び飛びの場合は各日付等を記載
【例】期日：11月10日、11月25日、12月15日

役務の提供が一定期間に及ぶ場合は期間等を記載
【例】期日：11月10日～12月15日の間（祝祭日、水曜日を除く）

❸成果物の検査をする場合

納品日として記載

検査完了日として記載

具体的な年月日の代わりに、「納品日の翌日から〇日以内」などの記載でも可

まとめ

- □ 成果物を受け取る日・サービスを受ける日の明示が原則
- □ 検査を行う場合は検査の完了日の明示も必要

013 THE BEGINNER'S GUIDE
TO FREELANCE ACT

明示のルール⑦⑧

「報酬額」「支払期日」の記載ポイント

▶ 原則として報酬額は具体的な金額を明示

　不当に低い報酬額や割引の強要などをなくすため、フリーランス法では業務委託の合意時に報酬額の明示が義務づけられています。

　ただし、**具体的な金額を明示することが困難なやむを得ない事情がある場合は、報酬額を決める算定方法の明示**も認められます。"やむを得ない事情"とは、外的な要因によって原材料費等が変動し、それに連動して報酬額も変わってくる場合などです。

　報酬額の算定方法は報酬額の算定根拠が確定した段階で、自動的に報酬額が決まるものでなければなりません。算定根拠の確定後は速やかにフリーランスに確定した報酬額を明示する必要があります。

　また、材料費や交通費、通信費など、**フリーランスが業務を行うにあたって発生する費用について、発注者が負担する場合、これら費用等の金額を含めた総額が把握できるように報酬額を明示**する必要があります。業務の委託段階で費用の発生の有無や金額が未確定の場合には、費用の算定方法を明示します。

　同様に、イラストの作成などフリーランスに**知的財産権**が発生し、その譲渡・許諾も含めて業務を委託する場合は、その対価についても報酬額に加えて明示する必要があります。

　また、**消費税・地方消費税**については明示することが推奨されています。内税方式で消費税・地方消費税込みの報酬額を明示する場合は、その旨を記載しなくてはなりません。

　なお、支払期日についても明示が必要です。詳しくは、報酬支払のルール①②（P.44, 46 参照）で解説します。

● 報酬額に含める範囲

報酬額

・具体的な金額を明示
・具体的な金額を明示することが困難なやむを得ない事情がある場合は算定方法を明示

委託された業務の遂行にかかる経費

・発注者側で負担するものは金額を明示
・費用の発生の有無や金額が未定のものは算定方法を明示

知的財産権の譲渡・許諾についての対価

・知的財産権の譲渡・許諾の対価を報酬に含める必要がある(必ずしも内訳として明示する必要まではない)

消費税・地方消費税

・消費税額の明示を推奨
・内税方式の場合はその旨を記載

● 算定方法の明示例

時間当たりの単価を決め、実際の作業時間や実費に応じて報酬を決めるケース	文字数に応じて報酬を決めるケース	原材料費等が外的な要因で変動するケース
時間当たり単価○円×所要時間数+実費(交通費、コピー費)	1文字当たり○円(消費税等を除く)	❶原材料を調達した時点の為替相場に応じて価格を決定する場合 工賃○○円+実際に海外から調達した原材料費○○ドル×為替レート(原材料を調達した時点○月○日の同原材料の☆☆市場における終値) ❷(原材料を調達時点の)原材料の相場に応じて価格を決定する場合 工賃○○円+原材料A金属を調達した時点○月○日のA金属の☆☆市場における終値×調達したA金属の量

【具体的な金額確定後の明示例】

「報酬額は、○年○月○日付け発注書に記載の算定方法に従い、○○円です。
計算式:単価○円×○時間+消費税・地方消費税=○円」

まとめ

☐ 報酬額は具体的な明示が必要(税額も明示が推奨される)

☐ 「費用負担がある」「知的財産権が発生する」場合は注意

Part 2 発注の基本となる「取引条件の明示」と「報酬支払のルール」

014 THE BEGINNER'S GUIDE
TO FREELANCE ACT

明示のルール⑨

「報酬の支払方法」（現金以外で 支払う場合）の記載ポイント

▶ 電子マネーによる報酬の支払も可能

　公正取引委員会が作成するフリーランス法の解釈ガイドラインでは、報酬の支払について「できる限り現金（金融機関口座へ振り込む方法を含む）によるものとする」とし、現金以外の方法で支払う場合は「特定受託事業者が報酬を容易に現金化することが可能」な方法とすることが求められています。

　報酬の全額または一部を、現金以外の方法で支払う場合は、3条通知に一定事項の明示が必要になります。支払方法としては、①手形、②債権譲渡担保方式やファクタリング方式、併存的債務引受方式（いわゆる一括決済方式）、③電子記録債権、④資金移動業者の口座を経た資金移動（いわゆるデジタル払い）の4つが考えられ、支払方法ごとに明示しなければならない事項が異なります。

　①の手形で交付する場合には、その手形の金額と満期を記載しなければなりません。

　②の一括決済方式の場合は、該当する金融機関の名称とともに、金融機関から貸付や支払を受けることができる額、該当する債権に相当する金銭を金融機関に支払う期日の記載が必要です。

　③の電子記録債権は、電子的記録により債権の発行・管理を行う、従来の紙の手形等に代わる決済手段のことです。該当する電子記録債権の額および支払期日の記載が必須になります。

　④のデジタル払いは近年利用が増加傾向にある、電子マネーなどを利用した資金決済と考えればわかりやすいでしょう。この場合に明記が必要なのは、資金移動業者の名称と金額です。

▶ 現金以外の支払方法を選択した場合の明示事項

支払方法	明示事項
❶ 手形	手形の金額、満期
❷ 債権譲渡担保方式 ファクタリング方式 併存的債務引受方式	・当該金融機関の名称 ・当該金融機関から貸付または支払を受けることができる金額 ・当該金融機関への債権相当額の支払期日
❸ 電子記録債権	電子記録債権の額、支払期日
❹ デジタル払い	資金移動業者の名称、資金移動する額

支払の一部を現金以外の方法とする場合は、「その方法による支払金額」「報酬の総額のうち、その方法による支払金額の占める比率」のどちらかを明示する

▶ 一括決済方式

債権譲渡担保方式	ファクタリング方式	併存的債務引受方式
報酬額に相当する債権を担保として、金融機関から報酬額に相当する金銭の貸付を受ける方式	報酬額に相当する債権を金融機関に譲渡して、その金融機関から報酬額に相当する金銭の支払を受ける方式	報酬額に相当する債務を発注者とともに負った金融機関から、報酬額に相当する金銭の支払を受ける方式

発注者 ← 債権 ← フリーランス
債権担保 ↓ ↑ 貸付
金融機関

発注者 ← 債権 ← フリーランス
債権譲渡 ↓ ↑ 支払
金融機関

発注者 ← 債権 ← フリーランス
債務引受 ↓ ↑ 支払
金融機関

まとめ

☐ 現金以外の方法による支払は3条通知に一定事項の明記が必要

☐ デジタル払い（電子マネーなど）による支払も可能

Part 2 発注の基本となる「取引条件の明示」と「報酬支払のルール」

015 THE BEGINNER'S GUIDE
TO FREELANCE ACT

報酬支払のルール①

「支払期日」の定め方〈通常委託〉
—— 給付受領日から60日以内

● 下請法同様60日以内のできる限り短い期間内が原則

　支払期日（＝報酬の支払日）は、**具体的な日**が特定できる形で定め、3条通知への明示が必要です。さらに**特定業務委託事業者がフリーランスに業務委託をする場合の支払期日は、原則として給付の受領日から数えて60日以内のできる限り短い期間内**で定め、支払期日までに支払うことが義務づけられています。

　"給付の受領日"の考え方は業務委託の種類で異なります。

　物品の製造や加工などの委託では、フリーランスから成果物を受け取る日を指し、受け取り前に特定業務委託事業者の検査員が検査を行うような場合には、検査の開始日が受領日になります。

　情報成果物の作成委託では、成果物の内容を記録した電磁的記録媒体を受け取る日（電子メールなど電気通信回線を用いる場合は発注者が受信しハードディスクに記録された日）を受領日とします。

　また、役務の提供委託では、基本的には個々のサービスを受ける日を受領日とします。ただし、一定期間にわたって一連のサービスの提供を受ける場合は**給付の最終日が受領日**となり、経理事務のように同種のサービスを連続して受ける場合は、一定の要件※の下、**月単位**で締切対象期間を設定して、その**末日を受領日**とすることもできます（P.48参照）。

　業務内容にかかわらず、**支払期日を明示していない場合は、給付受領日が支払期日（即日払い）**となり、支払期日が60日を超えるなど規定違反のときは受領日から起算して60日目が支払期日となります。

※①月単位の締切制度の事前合意と3条通知への明示、②3条通知への締切対象期間の報酬額または算定方式の明示、③役務が同種であること

44

● 支払期日の基本ルール

❶ 特定業務委託事業者を除く業務委託事業者

具体的な日が特定できる形で明示できれば、受領日から何日以内などの制限なくOK

❷ 特定業務委託事業者（通常）

起算日
（1日目とする）

60日以内のできる限り短い期間内に定める

❸ 特定業務委託事業者（一定期間、一連のサービスの提供を受ける場合）

起算日
（給付の最終日を1日目とする）

60日以内のできる限り短い期間内に定める

❹ 特定業務委託事業者（月単位の締切制度を用いる場合）

月単位に分けてサービスが提供されたものとして扱うことが可能

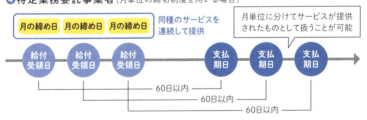

いずれのケースも
・成果物に不備があったなど、フリーランス側の原因によってやり直してもらった場合は、やり直し後の成果物等の受領日が支払期日の起算日となる
・支払期日が金融機関の休業日に当たる場合は、2日以内の順延が認められる（あらかじめ書面等による合意が必要）

まとめ　□ 特定業務委託事業者の支払期日は、給付受領日から60日以内のできる限り短い期間内で定める

016 THE BEGINNER'S GUIDE
TO FREELANCE ACT

報酬支払のルール②

「支払期日」の定め方〈再委託〉
—— 元委託の支払期日から30日以内

▶ 再委託の場合は、支払期日の例外を適用することができる

　ほかの事業者から受託した業務の一部または全部を、特定業務委託事業者（発注者）として特定受託事業者（フリーランス）に再委託する場合があります。たとえば、ECサイトの制作を頼まれた事業者が個人のデザイナーにデザイン業務を委託するようなケースです。図式で表すと、右ページのように「元委託者」→「受託者A（受託者Bから見ると発注者)」→「受託者B（フリーランス）」となります。受託者Aは受託者Bから給付を受けた後に、元委託者へと給付します。

　しかし、フリーランスへの支払期日は給付の受領日から数えて最長で60日以内と決まっているので（P.44参照）、元委託者から受託者Aへの支払期日より、受託者Aから受託者Bへの支払期日が先に来てしまい、受託者Aが資金繰りに悩まされるケースが出てきます。

　そこで再委託の場合の例外として、**受託者Aから受託者Bへの支払期日については、元委託者から受託者Aへの支払期日を起算日として30日以内のできる限り短い期間内**とすることができます。ただし、受託者Aは受託者Bに対して、業務を委託する段階で前もって、**①再委託の業務であること、②元委託者の商号や氏名、名称など相手先を特定できるもの、③元委託者からの支払期日**、この3点を明示しておく必要があります。

　受託者Aが元委託者から前払金の支払を受けたときは、受託者Aは受託者Bに対し、**業務の着手に必要な費用（資材調達費など）を前払金として支払うよう適切な配慮**をする必要があります。

46

● 再委託における支払期日の3つのパターン

❶ 受託者Aが業務委託事業者（特定業務委託事業者を除く）だった場合

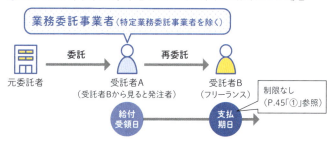

❷ 受託者Aが特定業務委託事業者だった場合（左ページ①〜③の明示なし）

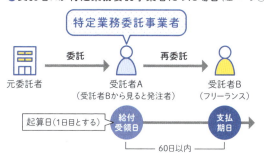

❸ 受託者Aが特定業務委託事業者だった場合（左ページ①〜③を明示）

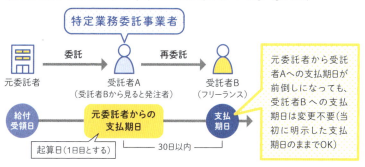

まとめ　□ 再委託の場合、元委託の支払期日から30日以内のできる限り短い期間内で、再委託先への支払期日を定められる例外あり

● Column

月単位の締切制度では「受領日から2か月以内」が支払期日

　支払期日として、毎月決まった日に報酬を支払う、月単位の締切制度を用いることが認められています。この場合、「毎月〇日締切、翌月〇日払い」や「毎月末日締切、翌月末日払い」のように、具体的な締日と支払日がわかるように定めます。

　月単位の締切制度を採用する場合も、成果物等の給付を受領した日から60日以内に支払うという基本ルールは厳守しなければなりません。したがって、締切を「毎月末日」と定めている場合は、月初に受領した分の支払が60日以内に行われるように、支払期日を「翌月末日」までに設定する必要があります。

　たとえば、6月1日、15日、29日の3日で受領した場合、この月の締切は月末の6月30日になり、支払期日は最初の6月1日の受領から60日以内となるように設定する必要があります。

　このとき、6月1日から60日以内というのであれば、翌月末である7月31日を支払期日とすると、6月1日から数えて61日となってしまいますので、本来であれば7月30日を支払期日とすべきということになります。もっとも、このように月によって日数が30日と31日の場合があるため、月末で計算すると60日をオーバーしてしまうケースが出てくることについて、実務上は、「受領した日から60日以内」を、「受領した日から2か月以内」として運用しています。これにより、月末締めの報酬について翌月末日に支払うことも認められます。先ほどの例でいえば、6月分の役務提供についての報酬は、6月末日（30日）締切、7月末日（31日）払いとしてもかまいません。

THE BEGINNER'S GUIDE TO FREELANCE ACT

Part

3

取引の適正化②

発注者に定められた
フリーランスへの
7つの「禁止行為」

017

THE BEGINNER'S GUIDE TO FREELANCE ACT

1か月以上の期間行う業務委託に
おける発注者の7つの禁止行為

▶「1か月」以上の期間行う業務委託が規制の対象

　一般的に契約期間が長くなるほど、発注者とフリーランスの間に経済的依存関係ができやすく、委託側が受託側に無理難題を押しつけやすい状況が生まれがちです。そこで右ページの上表のとおり、**発注者がフリーランスに、1か月以上の期間行う業務を委託する場合、7つの禁止行為が規定**されています。

　"1か月以上"とは、単一の業務委託または基本契約で業務期間を1か月以上としている場合だけでなく、**業務の終了日を定めていない**場合も含みます。

　また、**契約更新により通算1か月以上**の業務とされるのは、①同一性の要件（更新前と更新後の契約の発注者と受託者が同一で、業務内容が少なくとも一定程度の同一性を有する）、②空白期間の要件（更新前の契約から次の契約更新の前日までの期間が1か月未満）の2つの要件を満たしている場合です。①の「一定程度の同一性」を有するかは、原則として更新前後の業務内容（給付等の内容）が、**日本標準産業分類の小分類（3桁分類）で同一**かどうかで判断します（https://www.soumu.go.jp/toukei_toukatsu/index/seido/sangyo）。

　当事者間の過去の契約や発注者における同種の業務委託契約の状況などから、通常、更新前後の業務委託が一体のものとしてなされている状況があるなど、判断が適当でない事情がある場合は、機能や効用、態様などから個別に判断します。

　次項より各禁止行為の詳細を説明します。いずれも**フリーランスの了解を得たとしても違反**になることがあるので注意しましょう。

● 1か月以上の期間行う業務委託における7つの禁止行為

❶	成果物の受領を拒否する	P.52参照
❷	報酬を減額する	P.54参照
❸	成果物の受領後に返品する	P.56参照
❹	相場より著しく低い報酬額で買いたたく	P.58参照
❺	指定商品の購入やサービスの利用を強制する	P.60参照
❻	金銭や労務・サービスを不当に提供させる	P.62参照
❼	不当に発注内容の変更・やり直しをさせる	P.64参照

フリーランスと合意していても違反になることも！

● 1か月以上の期間行う業務委託に該当するケース

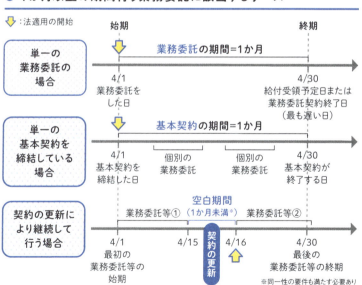

まとめ
- □ 契約期間が1か月以上の期間行う業務委託が禁止行為の対象
- □ 契約更新の場合、同一性の要件+空白期間の要件で判断

018 THE BEGINNER'S GUIDE
TO FREELANCE ACT

発注者の禁止行為①
成果物の受領を拒否する

● 発注者の都合による受領拒否はできない

フリーランスの責めに帰すべき事由がないのに、**発注者の都合で成果物の受け取りを拒否することはできません**。たとえば、予想より在庫が残ってしまったなどを理由に受け取りを拒否するのは違反です。また、**発注者の都合による納期の延期**（＝期日での受け取り拒否）や、**期日に成果物の一部だけを受け取る**（＝受け取りを一部拒否）ことも禁止されています。

反対に、受け取りを拒否できるのは、フリーランスの責めに帰すべき事由がある場合で、具体的には次の2つのケースのみです。

一つは、**委託内容と実際の成果物の内容が異なる**場合です。「指定した色と違っている」などのように、あくまで発注書や契約書など3条通知に記載されている内容に基づき、客観的かつ明確に判断できる違いでなければ認められません。これに対して、委託内容と実際の成果物の違いを明確に示すことができない場合や、契約時に提示した検査基準が不明確、委託後に検査基準を厳しく変更したことで検査に合格しなかったなどの場合は、受け取りを拒否できません。

もう一つは、フリーランスの納品等が契約した**納期に間に合わず、成果物が不要になった**場合です。たとえば、イベント用の看板の納品が開催日を過ぎてしまったようなときは受け取りを拒否できます。ただし、納期自体がフリーランスの事情を考慮せず、発注者が一方的に決めた（押しつけた）ものである場合は、たとえ契約書に納期が記載されていても拒否できません。

● 受領拒否の禁止

発注者 　納品　 フリーランス　契約内容は満たしているのに…

フリーランスの責めに帰すべき事由がないのに
受領の拒否

- 受注が減ったからキャンセル（契約解除）
- 要件は満たしているが、イメージしていたものと違う
- 検査基準が変わったので不合格
- 発売が来期になったので、納期を半年後に延ばして!
- 倉庫に空きがないので、半分は納品、半分はそちらで保管を

● 受領拒否が認められる（フリーランスの責めに帰すべき事由がある）ケース

1 委託内容と実際の成果物の内容が異なる

【例】
- 看板を発注したが、指定したサイズと違っていた
- 調査を依頼したが、サンプル数が約束より少ない
- 修理を依頼したが、設定した検査基準を満たしていない

給付内容が委託内容と適合しない原因が、発注者側にある場合は?
- そもそも3条通知の委託内容や、検査基準が明確でなかった場合
- 委託後に検査基準を恣意的に厳しくした場合
- 委託内容についてフリーランスの提案を受けてそれを了承した場合

など、当初の委託内容と実際の成果物が適合しない原因が発注者にもある場合には、受け取りを拒否できない。

2 納期に間に合わず、成果物が不要になった

【例】
- イベントで配る景品を発注していたが、納品が遅れて、開催に間に合わなかった
- 季節の特集記事を依頼したが、間に合わず、掲載できなかった
- リフォームの設計を委託したが、納期の遅れで、顧客がキャンセルして不要になった

まとめ
- □ 受け取り拒否・納期延期・キャンセルは原則禁止
- □ 受け取りを拒めるのは「委託内容と異なる・納期遅れ」のみ

019 THE BEGINNER'S GUIDE
TO FREELANCE ACT

発注者の禁止行為②

報酬を減額する

● 1円以上の端数切り捨ても減額に相当

　フリーランスの責めに帰すべき事由がないのに、**発注時に決めた報酬を後から減額することはできません**。たとえ、発注者とフリーランスとの間で事前に**合意があったとしても**、フリーランスの責めに帰すべき事由がなければ報酬の減額は違反になります。

　報酬の減額には、「消費税相当分を支払わない」「金融機関への報酬の振込手数料を実費以上に差し引く」「報酬の端数を1円以上切り捨てる」「報酬額はそのままで発注数量を増やす」などの行為も該当します（右ページの表参照）。

　反対に報酬の減額が認められるのは、フリーランスの責めに帰すべき事由がある場合で、具体的には次の3つの場合に限定されています。

①成果物などの不備が原因で、**受領拒否や返品**をした場合の相当額の減額

②成果物や役務に不備がある場合に、受領拒否または返品をせずに、**発注者が手直し**をした場合の相当額の減額

③成果物や役務に不備がある場合に、受領拒否または返品をせずに、**商品価値の低下が明らか**な場合の相当額を減額

　いずれもフリーランスの責めに帰すべき事由（委託内容と適合しない、納期遅れ）があって、受領拒否（P.52参照）や返品（P.56参照）が違反にならないことが前提です。

　ペナルティなどを上乗せして減額するのもNGです。報酬の減額は、あくまで客観的に算出した相当額でなければなりません。

● 報酬の減額の禁止

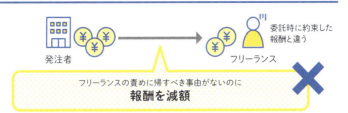

フリーランスの責めに帰すべき事由がないのに
報酬を減額

● 報酬の減額に該当する主な禁止行為

❶	発注者とフリーランスの双方で単価の引き下げに合意後、合意前に発注した分についても新単価で計算して減額する
❷	消費税・地方消費税の支払を拒否する
❸	契約書などでの合意なく、振込手数料を報酬から差し引く
❹	フリーランスが振込手数料を負担する合意はあるが、その実費に加えて、発注者の事務手数料などを差し引く
❺	発注者からの原材料等の支給の遅れ、無理な納期の指定などが原因で、納品が遅れたにもかかわらず減額する
❻	報酬で端数が生じた際に1円以上切り捨てて支払う
❼	顧客からのキャンセルや市況の変化などによって、成果物が不要になったことを理由に減額する
❽	発注者の都合で、一定の割合または一定額を減額する
❾	報酬の総額はそのまま、発注量を増やす
❿	発注者が業務に必要な費用などを負担する契約なのに支払わない

報酬の算定方法が複数の計算式からなる場合の端数の処理は?
計算過程で生じた端数は原則として切り捨てません。
そのまま合計し、合計額から1円未満の端数のみを切り捨てます。

まとめ
- □ 契約時に決めた報酬の減額は原則として禁止
- □ 減額可能なのは給付内容に不備があったときの相当額のみ

020 THE BEGINNER'S GUIDE
TO FREELANCE ACT

発注者の禁止行為③
成果物の受領後に返品する

● 合意した「返品」も、原則として違反

フリーランスの責めに帰すべき事由がないのに、成果物を受け取った後に引き取らせる返品は禁止されています。たとえ発注者とフリーランスとの間で合意があったとしても認められません。

返品が可能なのは、フリーランスの責めに帰すべき事由がある場合に限られます。具体的には、①フリーランスの給付内容に「委託内容と適合しないこと」がある場合（納品された商品が不良品である場合や、発注したサイズが異なるなど、3条通知で定めた委託内容と成果物との間に明らかな相違がある場合）で、かつ、②返品可能な期間内に限られます。

①の「委託内容と適合しないこと」に関し、発注書や契約書などに委託内容や検査基準が明確に記載されていない場合は、委託内容と成果物との違いが不明確なため、返品できません。また、発注者が検査を省略していたり、フリーランスに検査を委任していても書面や電磁的方法で検査について定めていない場合には、たとえ成果物が不良品であったとしても、返品はできません。

②の返品可能な期間は、「委託内容と適合しないこと」が直ちに発見できるものかどうかにより異なります。直ちに発見できるものの場合は、受領後「速やかに」返品することが認められます。

これに対し、「委託内容と適合しないこと」が直ちに発見できないものの場合、返品が認められるのは受領から6か月以内です。

ただし、発注者が消費者に6か月を超えて保証期間を定めている場合は、保証期間内（最長1年以内）は返品できます。

● 返品の禁止

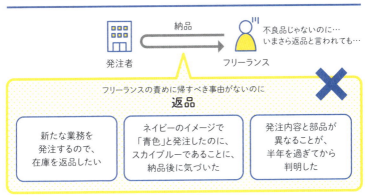

● 返品が可能な場合

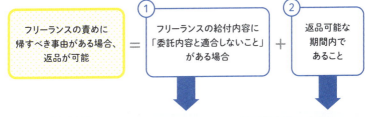

返品が認められない場合の例

①3条通知に委託内容が明確に記載されておらず、または検査基準が明確でない等の場合（給付が委託内容と適合しないことが明らかでない）
②業務委託後に検査基準を恣意的に厳しくして、従来の検査基準で合格とされたものを不合格とする場合
③検査を省略する場合
④検査を発注者が行わず、かつ、検査をフリーランスに書面等により委任していない場合

返品が認められる期間

①「委託内容と適合しないこと」が直ちに発見できる場合は、受領後速やかに
②「委託内容と適合しないこと」が直ちに発見できない場合は、給付の受領後6か月以内（保証期間のある場合は最長1年以内）

まとめ
☐ フリーランス側に責任のない返品は禁止
☐ 受領から6か月経過後は返品不可（保証期間がある場合を除く）

021 THE BEGINNER'S GUIDE TO FREELANCE ACT

発注者の禁止行為④

相場より著しく低い報酬額で買いたたく

▶ 一方的に不当な額の報酬を決定することは禁止

継続的な業務委託はフリーランスにとって安定収入となる一方で、発注者への経済的依存性が高くなりがちです。フリーランス法では、発注者が優位な立場であることを利用して、**通常支払われる対価と比べて著しく低い報酬額を不当に定めること（買いたたき）を禁止**しています。"通常支払われる対価"とは、フリーランスが属する取引地域において、給付の内容と同種または類似品などに一般的に支払われている対価のことです。

買いたたきに当たるかどうかは、「発注者とフリーランスとの間で報酬額について**十分な協議**が行われたか」「合理的な理由もなく、ほかのフリーランスより報酬額を低くするなど**差別的**でないか」「通常支払われる対価との**金額差**はどれくらいか」「給付に必要な**原材料費などの価格動向**はどうか」などを総合的に勘案して判断します。そのため、通常支払われる対価より低いからといって、直ちに買いたたきとなるわけではありません。

給付に必要な原材料費や人件費などのコストが著しく上昇しているにもかかわらず、従来どおりに報酬額を据え置いたり、フリーランスがコスト上昇を理由に報酬額の引き上げを求めたにもかかわらず、報酬額を引き上げない理由を書面・電子メール等で回答せずに据え置くなど、**報酬額の据え置きでも買いたたきに該当する場合があります**。また、短納期発注や品質改良等のため余計にコストがかかるのに、これらを考慮せず報酬額を一方的に定めたりする場合も、買いたたきに当たる可能性があります。

▶ 買いたたきの禁止

大量発注の単価を少量発注にも適用 継続的な大量発注を前提として単価の見積を依頼し、少量の発注時にもその単価をもとに報酬額を決める	**発注者都合による単価設定** 発注側が設定した予算単価を基準にして、通常支払われる対価よりも低い価格で報酬額を決める	**納期に見合った割増料金を支払わない** 短い納期での発注にも、フリーランスに発生する費用増を考慮せずに報酬額を決める
無料サービスや一律で値下げさせる 見積時よりも発注量が増えたのに、報酬額を据え置いたり、「協力」などの名目で、一律に値下げをさせる	**コスト上昇分の価格への反映の必要性について明示的に協議しない** 原材料などのコストの上昇が明確なのに、そのことにふれずに、従来どおりの報酬に据え置く	**コストを価格に反映しない理由を書面等で回答しない** コスト上昇による報酬引き上げを断る場合に、書面等で理由を回答せずに報酬を据え置く
特定のフリーランスを差別する 合理的な理由なく、特定のフリーランスに対して、ほかのフリーランスより低い報酬とする	**特定の地域や顧客向けの業務を差別する** 業務内容は同じなのに、特定の地域や顧客向けであることを理由に、通常よりも低い報酬とする	**知的財産権に対する報酬を低く設定する** 情報成果物の作成で知的財産権が含まれている場合に、その対価をフリーランスと協議することなく、通常よりも低い報酬とする

Part 3 発注者に定められたフリーランスへの7つの「禁止行為」

▶ 通常支払われる対価と比べて著しく低い報酬額と判断されるケース

【当該給付が従前の給付と同種または類似のものの場合】

①従前の給付に係る単価で計算された対価と比較して著しく低い報酬額

②当該給付に係る主なコスト（労務費、原材料価格、エネルギーコスト等）の著しい上昇を、最低賃金の上昇率、春季労使交渉の妥結額やその上昇率など経済の実態が反映されていると考えられる公表資料から把握が可能な場合に、据え置かれた報酬額

①②のいずれかを通常支払われる対価と比べて著しく低い報酬額とする

まとめ
- ☐ 発注者の一方的で不当な報酬額の決定は禁止
- ☐ 報酬額を据え置く場合でも買いたたきに該当することがある

59

022 THE BEGINNER'S GUIDE TO FREELANCE ACT

発注者の禁止行為⑤

指定商品の購入や
サービスの利用を強制する

▶ 事実上、フリーランスが拒否できない状況にあれば違法

発注者が、**正当な理由なく、モノやサービスを指定して、フリーランスに購入・利用を強制する行為を禁止**しています。購入・利用の対象となるものに限定はなく、たとえば、原材料等のほか、売れ残り商品、自社イベントのチケット、保険、リース、インターネットのプロバイダ契約などあらゆるものが対象となります。

また、指定を禁止されるモノやサービスの範囲は、**発注者やその関連会社が販売するモノやサービスに限りません**。たとえば、発注者と資本関係のない取引先企業のモノやサービスなどであっても、フリーランスに購入や利用を指定できるのは正当な理由がある場合に限られます。

「正当な理由がある」とされるのは、給付の内容を均質にしたり、改善するために必要であったりする場合です。発注者側の関連会社が独自に開発した原材料を使わないと、フリーランスが製造した成果物に不具合が起きたりするようなケースが該当します。

モノやサービスの購入・利用を取引条件としたり、購入・利用しない場合に不利益（ペナルティ）を与えたりするような場合のほか、**事実上、購入または利用を余儀なくさせている場合も「強制」に当たります**。形式的には「お願い」「強制するものではありません」などの表現を使っていたとしても、フリーランス側が、事実上依頼を拒否できない状況にあると認められた場合は違反行為になるので注意が必要です。

● 指定商品の購入やサービス利用の禁止

発注者 A社

他社の製品やサービスの要請も禁止

フリーランス
立場上、断れない…

強制 ✗

| 昔からのルールだから | 社内でノルマになっているので協力を | 購入してもらえるところへ優先的に発注している |

立場を利用して要請
購買や外注担当者など、業務委託先の選定や決定に影響を及ぼす可能性のある者が、フリーランスに購入や利用を要請する

目標額や目標量を定めて要請
フリーランスごとに目標額や目標量を定めて、購入や利用を要請する

不利益な扱いを示唆
フリーランスに購入や利用をしなければ不利益な取扱いをするように示唆して、購入や利用を要請する

意思がないのに重ねて要請
フリーランスが購入や利用の意思がないと表明、もしくは明らかに意思がないと認められるにもかかわらず、重ねて購入や利用を要請する

一方的に送りつける
フリーランスから購入する旨の申出がないのに、一方的にフリーランスに物を送付する

● 違反例

結婚式場⇒司会者 ✗
運営する結婚式場で披露宴などの司会を委託している司会者に、発注担当者から式場で提供しているおせち料理やクリスマスケーキなどの購入を要請した

番組制作会社⇒カメラマン ✗
自社が制作する放送コンテンツの撮影を委託したカメラマンに、自社の関連会社が制作した映画のチケットを目標枚数を定めて購入を要請

業務の遂行に関わる、正当な理由がなければNG!

まとめ
- □ 正当な理由なくモノやサービスの購入・利用は強制できない
- □ 事実上、購入または利用を余儀なくさせている場合も「強制」

Part 3 発注者に定められたフリーランスへの7つの「禁止行為」

023 THE BEGINNER'S GUIDE TO FREELANCE ACT

発注者の禁止行為⑥

金銭や労務・サービスを
不当に提供させる

● フリーランスの利益を損なう要請はNG

　発注者が、金銭やサービス、労務などの提供を要請し、フリーランスの利益を不当に害することは禁止されています。たとえば、発注者が主催するイベントへの協賛金を支出させる、売り場での陳列作業などを手伝わせる、フリーランスが所有する機器の貸与を要請することなどは、「経済上の利益」の提供要請に当たります。

　これらの提供要請によっても、フリーランスの利益を不当に害するといえない場合は、違法にはなりません。具体的には、これら発注者の要請に応じることで納品した商品がよく売れ、経済上の利益を提供することにより実際に生じる利益が不利益を上回るなど、フリーランスに「**直接の利益**」が発生する場合は、その利益を不当に害するものとはいえないのです。ただし、将来発注者との取引が有利になるのではないか、などの間接的な利益については認められません。

　また、**「経済上の利益」の提供とフリーランスの利益の関係（負担額、算出根拠、使途、提供の条件など）を明示していない場合**などはフリーランスの利益を不当に害するケースに当たりえます。

　さらに、**成果物に知的財産権が発生する場合、業務委託の目的の範囲を超えた使用を、無償で譲渡・許諾させることも違反**です。同じく、フリーランスが知的財産権を持つ情報成果物の収益を、フリーランスに対して**配分しないあるいは配分の割合を一方的に決める**、フリーランスによる**二次使用を制限する**などの行為も、不当な経済上の利益の提供要請に当たると判断されます。

62

● 金銭や労務・サービスの不当な提供要請の禁止

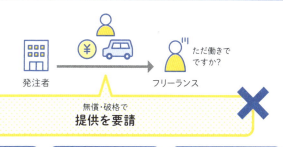

立場を利用して要請
購買や外注担当者など、業務委託先の選定や決定に影響を及ぼす可能性のある者が、フリーランスに金銭や労務などの提供を要請する

目標額や目標量を定めて要請
フリーランスごとに目標額や目標量を定めて、金銭や労務などの提供を要請する

不利益な扱いを示唆
フリーランスに、要請に応じなければ不利益な扱いをする旨を示唆して金銭や労務などの提供を要請する

意思がないのに重ねて要請
フリーランスが提供する意思がないと表明、もしくは明らかに意思がないと認められるにもかかわらず、重ねて金銭や労務などの提供を要請する

作成の目的の使用範囲を超えて無償で知的財産権を譲渡・許諾させる
たとえばイベントの広告用のイラスト作成を委託した場合などで、3条通知に知的財産権の譲渡・許諾が含まれる旨を記載していないのに、イベント広告での使用を超えてイラストの権利を譲渡・許諾させる、など

● 違反例

運送会社⇒ドライバー
荷物の運送のみを委託しているのに、委託内容に含まれていない荷積み作業を無償で行わせた

音楽制作会社⇒作曲家
自社が制作する楽曲の候補となる複数の楽曲案の制作を委託し、採用した楽曲は知的財産権を自社に譲渡する契約としていたが、採用しなかった楽曲の知的財産権も無償で譲渡させた

フリーランスの利益を損なう要請はNG！

まとめ
- □ フリーランスにメリットのない金銭や労務の提供要請は禁止
- □ 負担の要請は負担額・算出根拠・使途・提供条件などを明示

024 THE BEGINNER'S GUIDE
TO FREELANCE ACT

発注者の禁止行為⑦

不当に発注内容の
変更・やり直しをさせる

⊙ 余計にかかったコストをフリーランスに負担させるのは違反行為

フリーランスの責めに帰すべき事由がないのに、「業務内容や成果
物など委託内容を変更する」「契約を途中で解除する」「給付をやり
直させる」ことは禁止されています。

ただし、フリーランスの利益を不当に害しない場合は禁止行為に
は当たりません。たとえば、発注者が発注内容の変更・やり直しに
伴う費用や対価を全額負担するのであれば、違反とはなりません。
また、フリーランスの「責めに帰すべき事由」がある場合も認めら
れますが、右図の①〜③のケースに限られています。

気をつけたいのは、納品された商品の一部に不具合があって、通
常の検査では気づかなかった場合です。こうしたケースでは、フリー
ランス側に責任があっても、やり直しをさせることができるのは受
領後1年以内。**受領後1年を超えてからのやり直しは違反**となりま
す。ただし、発注者が、顧客等に1年を超える保証期間（契約不適
合責任期間）を定め、発注者とフリーランスとの間でもそれに応じ
た保証期間をあらかじめ定めている場合は1年を超えていてもやり
直しをさせることができます。

また、クリエイティブ系のデザイン変更など情報成果物は、発注
者によって評価が分かれることがあり、事前に委託内容を明確に記
載できないケースがあります。このような場合は、**発注者とフリー
ランスとでやり直し等の費用の負担などについて十分な協議を行
い、合理的な負担割合を決める**必要があります。発注者が一方的に
負担割合を決めて、変更・やり直しをさせることはできません。

64

● 発注内容の変更・やり直しが認められるケース・認められないケース

【認められるケース】

1 発注者が費用を全額負担（フリーランスの利益を不当に害しない場合）

2 フリーランスの責めに帰すべき事由がある

①フリーランスからの要請に基づいて、発注内容を変更する場合
②納品前の確認で、依頼していた成果物の内容と異なることが判明したため、注文内容のほうを変更する場合
③納品後、給付の内容が3条通知と異なったためやり直しをさせる場合

【認められないケース】

給付の内容を明確にせず、後から委託内容と適合しないとする

給付の受領前に、フリーランスから給付の内容を明確にするよう求めたにもかかわらず、発注者が正当な理由なく内容を明確にせず、フリーランスに継続して作業を行わせたうえで、後から委託内容と適合しないとする場合

提案を確認・了承したにもかかわらず、後から委託内容と適合しないとする

取引の過程でフリーランスが委託内容について提案し確認を求めたところ、発注者も了承したのでその内容に沿って製造などを行ったのに、後から給付の内容が委託内容と適合しないとする場合

業務委託後に検査基準を恣意的に厳しくした場合

業務委託後に検査基準を恣意的に厳しくし、給付の内容が委託内容と適合しないとする場合

受領後、1年を経過した場合

通常の検査で委託内容と適合しないことが発見できない給付について、受領後1年を経過した場合
※ただし、発注者が1年を超えた契約不適合責任期間を顧客等との間で定め、発注者・フリーランス間でもそれに応じた契約不適合責任期間をあらかじめ定めている場合を除く

● 事前に委託内容を3条通知で明記できない場合（情報成果物等）

○ 費用の負担などについて両者で十分な協議を行い、合理的な負担割合を決める

✕ 費用の負担の割合を発注者が一方的に決める

まとめ
☐ 変更・やり直しにかかった費用は発注者の負担
☐ 3条通知に委託内容の充足条件を明記できない場合はやり直し等の費用負担割合など協議

● Column

納得のいかない違約金や罰金の条項が
契約書・発注書等に記載されていないかを確認する

フリーランスからの相談で時折みられるのが、「契約の解約を申し出たら違約金や罰金を要求された」というトラブルです。

フリーランス法の制定過程では、3条通知に違約金などに関する事項を明示すべきとの議論もありました。しかし、違約金などを明示事項として義務づけると、かえってフリーランスとの取引では違約金などを取り決めることが通常との誤ったシグナルを送ることになったり、フリーランスが発注者の立場になった場合に過大な負担になりかねないといった意見が出たため、明示事項とはされなかったという経緯があります。

いずれにしろ、違約金に関するトラブルでまず確認すべきは、発注書や契約書などです。違約金に関する条項がある場合、民法により、損害賠償額の予定と推定されます。もっとも、その業務委託の報酬額や、平均的な損害額・費用等と比較してあまりにも不均衡であるなど、内容によっては違約金条項が公序良俗違反により無効となる余地もないではありません。

契約書に違約金条項がないのに中途解約に伴い賠償等を求められた場合は、発注者に生じた損害がどういった根拠に基づくものであるかを明確にしてもらう必要があります。

不当な違約金条項や、根拠の不明確な損害賠償請求権に基づいて報酬を減額することは、フリーランス法違反にもなりますので、発注者は注意しましょう。他方、フリーランスとしては、契約を途中で解除したりする可能性も考えて、仕事を請け負う際には、契約書や発注書など（3条通知）に納得できない違約金などの条項が入っていないかを確認しましょう。

THE BEGINNER'S GUIDE TO FREELANCE ACT

Part

4

フリーランスの就業環境の整備

「募集」「契約解除」
「妊娠・出産・育児・介護」
「ハラスメント」に関する
発注者の義務

025 THE BEGINNER'S GUIDE
TO FREELANCE ACT

募集情報は虚偽・誤解のないように正確かつ最新の内容を表示する①

◉ 実際と異なる情報や誤解を招く表示はNG

　Part1で触れたとおり、フリーランス法では、フリーランスが安定的に働くことのできる就業環境の整備のため、発注者に「募集情報の的確な表示」「中途解除等の事前予告・理由の開示」「妊娠・出産・育児・介護に対する配慮」「ハラスメント防止措置の整備」の4つの義務を課しています。

　このうち1つめの**募集情報の的確な表示**は、広告等でフリーランスを募集する際に、**虚偽の表示や誤解を招くような表示を禁止し、また正確かつ最新の内容とする**ことを義務づけたものです。

　虚偽の表示や誤解を招くような表示とは、実際には想定していない虚偽の条件での募集や、虚偽ではないとしても誤解を生じさせるような内容の募集のことをいいます。いわゆる釣り広告やおとり広告がこれに当たります。たとえば、モデル報酬例であるにもかかわらず、必ず支払われる基本報酬であるように見せかけたり、正社員の募集かのように誤解させて、実際にはフリーランスの募集をかけたりする行為は違反となります。

　規制対象となる募集情報の内容は、**①募集者（発注者）の情報、②業務の内容、③業務に従事する場所・期間・時間等、④報酬、⑤契約の解除・不更新等**の5つです。募集時にこれらの情報を表示することを義務づけているのではなく、**表示する場合には、的確な表示をすることを義務**づけています。誤解しないようにしましょう。

　なお、上記の5つの情報について、実際の想定とは異なる内容を表示した場合には、故意によるものでなくても違反となり得ます。

▶ 募集情報の的確表示義務

募集広告等における発注者の義務

次項で説明

虚偽の表示の 禁止	誤解を生む 表示の禁止	正確かつ 最新情報の表示

故意によるものでなくても、結果的に間違った表示は、
違反に問われる可能性あり!

※次項で触れるとおり、合意に基づいて募集時とは異なる条件で契約することは問題ありません

▶ 募集情報が的確かどうかのチェック項目

❶募集者(発注者)の情報	❹報酬
☐ 名称	☐ 報酬額、算定方法
☐ 業績	☐ 支払期日、支払方法
❷業務の内容	☐ 交通費や材料費など諸経費の扱い
☐ 成果物やサービスの内容	☐ 成果物の知的財産権の許諾や譲渡の範囲
☐ 業務に必要な能力や資格	**❺契約の解除・不更新等**
☐ 検査基準	☐ 契約の解除事由
❸業務に従事する場所・期間・時間等	☐ 中途解除の際の費用、違約金
☐ 業務を行う場所・期間・時間	☐ 不良品の取扱いに関する規定
☐ 納期	☐ 違約金についての規定

広告等(募集段階)ですべての
表示が必要なわけではない

上記について表示する場合は、
「虚偽や誤解を生む表示でないか」「正確かつ最新の情報であるか」を確認!

まとめ

☐ 虚偽の募集内容や誤解が生じるような表現は禁止
☐ わざとでなくても、違反になることも!

Part **4**

「募集」「契約解除」「妊娠・出産・育児・介護」「ハラスメント」に関する発注者の義務

026 THE BEGINNER'S GUIDE
TO FREELANCE ACT

募集情報は虚偽・誤解のないように正確かつ最新の内容を表示する②

● 募集内容を変更した場合は速やかに情報を更新する

　前項で触れましたが、募集情報では「正確かつ最新の内容」を表示することも義務づけられています。これは、**募集内容の変更や募集を終了した場合に、速やかな情報更新**を求めるものです。自社サイトで掲載している募集情報のほか、広告会社やプラットフォーマーを利用したり、募集をほかの事業者に委託していたりする場合も、**情報の更新を迅速に依頼**しなければなりません。あるいは募集情報の掲載時に、いつ時点の募集内容か日付を明記しておきましょう。

　対象となる募集方法は、新聞の折り込みチラシなど書面での広告のほか、自社サイトやその他ウェブサイト、SNS を利用した広告、また LINE などの SNS のメッセージ機能等を利用して広く募集をかける場合など広汎です。近年はマッチングプラットフォームなどの仲介業者を通じて、インターネット上で不特定多数に業務を発注する**クラウドソーシングの利用が増加していますが、このようなプラットフォーム上での募集にも適用**されます（この場合、義務が課されるのはプラットフォーマーではなく募集者です）。

　また、募集情報の的確表示義務は、広告などにより広く募集をかける場合に適用されます。したがって、特定のフリーランス 1 人のみを相手に業務委託の打診を行う場合は対象になりません。

　なお、フリーランスとの合意に基づき、募集情報から実際の契約条件を変更することまでが禁止されるわけではありませんが、募集時点でそのように変更させることを意図していた場合には、違反となるでしょう。

● 募集情報の「正確かつ最新の内容」についての表示義務

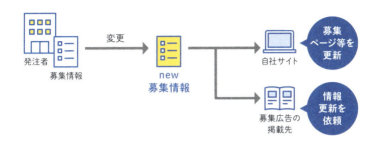

依頼しても情報を更新してもらえない場合は?

発注者が、募集を委託しているほかの事業者や、広告を掲載している求人広告会社に繰り返し情報の変更等を依頼したにもかかわらず、更新等がされなかった場合は、必ずしも発注者の違反となるものではありません。

● 募集情報と異なる条件による契約が認められる可能性のあるケース

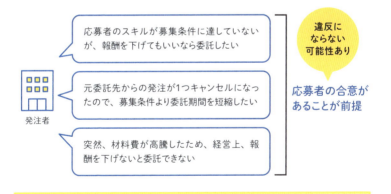

できる限り、変更しないのが原則。
契約時に変更することをあらかじめ意図していた場合は違反!

まとめ
□ 募集内容の変更時には、広告会社等へも情報の更新を依頼
□ 募集情報の掲載時にいつ時点の募集内容かを明記しても可

027 THE BEGINNER'S GUIDE TO FREELANCE ACT

継続的業務委託の「解除」「不更新」は
30日前までに予告する① ──基本ルール──

● 発注者の一方的な解除や不更新は予告が必要

6か月以上の継続的な業務を委託しているフリーランスに対して（期間算定の考え方については P.51 参照）、発注者の一方的な都合により「**中途解除する**」、または**切れ目なく更新していたり断続的だったりする委託について「次の更新を行わない」**ときは、原則として、**解除日または契約満了日の 30 日前までに事前予告**しなければなりません。

もちろん、フリーランスからの申出により契約を解除等する場合は、事前予告の必要はありません。そのほか、災害などのやむを得ない事情があるなど、次項の 5 つの例外事由（P.75 参照）に該当する場合は、事前予告なしで中途解除等を行っても違反になりません。

また、発注者とフリーランスの双方の合意による解除等の場合も、事前予告は不要です。ただし、あくまでフリーランスの自由な意思表示に基づいた合意でなければなりません。

なお、契約書に明記されているなど、あらかじめ両者の間で「○○の事由があるときには事前予告なく契約を解除できる」というような取り決めがなされていても、**前出の 5 つの例外事由に該当しない場合は、原則として事前予告が必要**になります。注意しましょう。

また、継続的業務委託の契約解除等を告げられたフリーランスが、**事前予告のあった日から契約の満了日までの間に、契約解除等の理由の開示を請求した場合は、発注者は遅滞なく開示**する義務があります。ただし、理由の開示が第三者の利益を害する恐れのある場合や、法律上の守秘義務に当たる場合などは対象外となります。

6か月以上の継続的業務のパターンと解除・不更新の事前予告

パターン1 単発で6か月以上継続して行う業務委託

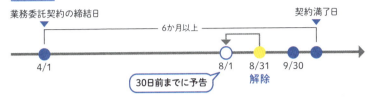

パターン2 契約の更新により6か月以上継続して行う業務委託

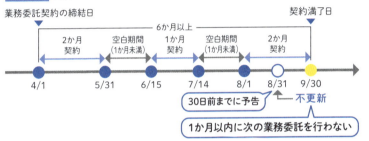

パターン3 6か月以上の基本契約を結んでいる業務委託

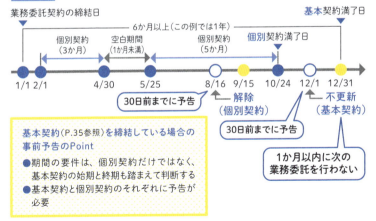

基本契約(P.35参照)を締結している場合の事前予告のPoint
- 期間の要件は、個別契約だけではなく、基本契約の始期と終期も踏まえて判断する
- 基本契約と個別契約のそれぞれに予告が必要

まとめ
- □ 継続的業務委託の解除・不更新では、原則として予告が必要
- □ 解除等を行う場合は、理由の開示請求に備えておく

028 THE BEGINNER'S GUIDE
TO FREELANCE ACT

継続的業務委託の「解除」「不更新」は 30日前までに予告する② ——通知方法——

⊙ 口頭はNG! 書面、ファクシミリ、電子メール等で連絡する

　前項で説明した継続的業務委託における中途解除等の事前予告および解除理由の開示は、**①書面、②ファックス、③電子メール等**のいずれかの手段で行う必要があります。ブログへの書き込みなど、直接相手に送る以外の方法は認められません。

　③については、上記のとおり、直接相手に送る方法であれば問題ありません。電子メールの本文や添付ファイルに記載する方法のほか、**SMS や SNS のメッセージ機能**などを使った送信も OK です。ただし、SNS での送信については、情報の保存期間が限られているものもあるので、義務ではありませんが、フリーランスとしてはダウンロードをしておきましょう。発注者も、解除日等から一定期間は送信した情報を保存しておくことをおすすめします。

　ところで、事前予告は 30 日前が期限と説明しましたが(P.72 参照)、②③については、ファクシミリやスマホ、PC など、**フリーランスの利用端末の受信日時**で期限内かどうかを判断します。ただし、ウェブメールサービスやクラウドサービスなどで通知する場合は、フリーランスの利用端末に到達しない仕組みになっていることもあります。こうした場合は、**通常であれば、フリーランスがその内容を確認し得る状態になったといえるタイミング**で判断することになります。発注者は早めの通知を心がけるとともに、フリーランスには返信してもらうなど、通知済みの証拠を残すようにしましょう。

　なお、事前予告が不要になるのは、右ページのとおり、事前予告を不要とするのもやむを得ない場合に限られます。

▶ 事前予告が不要な場合（例外事由）

1 災害などのやむを得ない事由により予告が困難な場合

2 フリーランスに再委託している場合で、上流の事業者（元委託者）の契約解除等により、直ちに解除等せざるを得ない場合

3 業務委託の期間が30日以下である個別契約を解除等する場合

4 フリーランスの責めに帰すべき事由により、直ちに解除等が必要である場合

5 基本契約がある場合で、フリーランスの事情で相当な期間、個別契約が締結されていない場合

▶ フリーランスの責めに帰すべき事由により、直ちに解除等が必要である例

業務委託に関連して盗取・横領・傷害等の刑事事件などに該当する行為があった。またはその可能性がある場合に、調査協力を繰り返し要請しているにもかかわらず拒む場合

配達業務において、社内ルールを周知しているにもかかわらず、配達中の商品に触ったり、配達距離を偽って報酬を多く得たりするなど、繰り返しルールに反する行為を行う場合

契約違反の是正を書面等で求め、改善が見られなければ解除することについて伝達しても、なお契約違反が是正されない場合

業務の遂行に必要な運転免許証や在留カード等の有効期限切れや、業法等における登録などが失効した場合

配達業務において商品を届けないなど、業務委託契約に定められた業務の重要な部分を合理的な理由なく行わない場合

取引先や顧客に対する暴言や嫌がらせ、詐取、性的な迷惑行為、業務遂行に際して取得した個人情報の目的外利用など、第三者に損害を与える行為があった場合

事前予告が不要なのは、重大かつ悪質なケースに限られる！
（フリーランスの責めに帰すべき理由があっても、軽微なものは原則として事前予告が必要）

まとめ

☐ 解除予告や解除理由の開示は後から確認可能な手段で行う

☐ 電子メール等は受信者を特定して情報伝達できる方法に限る

妊娠・出産・育児・介護と業務の両立に配慮する① ―基本ルール―

▶ 継続的業務委託では義務、単発や短期の業務委託では努力義務

フリーランスは、労働法に基づく育児休暇や介護休暇などの制度を利用することができません。そこでフリーランス法では発注者に、**フリーランスからの申出に応じて、妊娠・出産・育児・介護と両立しながら業務を遂行できるように配慮**することを求めています。

具体的には、**6か月以上の継続的業務委託**（契約更新によって6か月以上になった場合も含む。P.73参照）については、妊娠・出産・育児・介護に対する**配慮義務**が発生します。他方で、**6か月未満の業務委託**については、**配慮の努力義務**に留まります。

配慮の具体例としては、打ち合わせ日程の調整、オンライン業務への変更、納期の変更などが挙げられますが、あくまで**フリーランス本人から申出があった場合**に、配慮の検討や実施などをすれば足ります。また、**申出を無視するのは違反**ですが、検討した結果、フリーランスの希望に応えられない場合は違反にはなりません。ただし、本人にその理由とともに伝達しなければなりません。

なお、同法の「育児」の対象は、小学校に入学前の子どもです。法律上、親子関係がある児童だけでなく、養子や里親として養育を託されている児童も含まれます。また、「介護」の対象は、要介護状態にある家族（右ページ図参照）です。要介護状態とは、ケガや病気、あるいは身体や精神上の障害により、2週間以上にわたり常時介護が必要な状態のことをいいます。発注者はフリーランスに対して、医師の診断書などの提出を求めることができますが、提出されないことを理由に配慮義務を放棄することは禁じられています。

● 申出と配慮の具体例

フリーランスからの申出	発注者の配慮
妊婦健診があるので、打ち合わせ日時を変更できますか？	・○月○日に変更しましょう ・その日は不参加でかまいません。後から情報を共有できるようにします
妊娠による症状により、急に業務に対応できなくなる可能性があるので相談できますか？	・社員を1人補助につけるので、緊急の場合はこちらで対応します ・緊急度の低い業務を割り当てましょう
出産に備え、県外の実家に一時居住します。宅配での納品を認めてもらえますか？	・OKです ・こちらから最寄り駅まで引き取りに行きましょう
子どもが急病で予定の作業時間を確保できそうもありません。納期を繰り下げられますか？	・1週間程度でしたら延ばせます ・納期はそのままで、成果物の数を減らすことでどうでしょう
親の介護が必要になり、毎週火曜日をオンライン業務に変更できませんか？	・希望に添えるよう業務を調整します ・木曜日なら対応可能です。通院日を変更できますか？

● 介護の対象となる家族の範囲

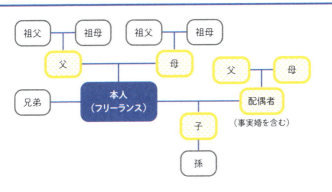

まとめ

□ フリーランスからの申出によって配慮義務が発生する

□ 申出を門前払いとするのは違反

030 THE BEGINNER'S GUIDE
TO FREELANCE ACT

妊娠・出産・育児・介護と業務の両立に配慮する② ──制度設計と対応の注意点──

● フリーランスが申出をしやすい環境を整備する

　フリーランス法の趣旨を踏まえれば、フリーランスに負担のかからない制度設計が望ましいと考えられます。発注者はフリーランスからの申出に対して速やかに対応できるように、対応フローや判断基準を整備しておくといいでしょう。

　また、フリーランスに対しては、配慮の申出が可能なこと、窓口（担当者）、手続方法などについて、事前に案内しておきましょう。

　実際にフリーランスから申出を受けたら、まず発注者は**本人の希望する配慮や現在の状況を把握**しなければなりません。ただし、これらの情報は本人のプライバシーに関わるため、**情報の共有者の範囲を限定するなど、取扱いに注意**しましょう。また、提出書類は最小限にするなど、申出をしやすい環境づくりに努めましょう。

　申出を受けていない場合でも、「育児を仕事に持ち込まれては困る」「申出をされると周囲に迷惑がかかる」などの発言は、**フリーランスを委縮させて申出をためらわせる**ことになります。日頃から慎みましょう。また、申出をしたことや配慮を受けていることを理由とした嫌がらせ行為や、契約の解除、更新の見送りといった**不利益な取扱いは NG** です。

　報酬の減額については、就業時間や業務量、成果物が減少した分に対する相当額を減額するのは認められますが、**相当額を超えた減額は違反**となります。取引量などについても同様です。

　なお、再委託の場合は、フリーランスは直接の発注者に申出をし、必要に応じて発注者と元委託者との間で対応を検討します。

78

● 妊娠・出産・育児・介護の申出に対する発注者の3つの義務

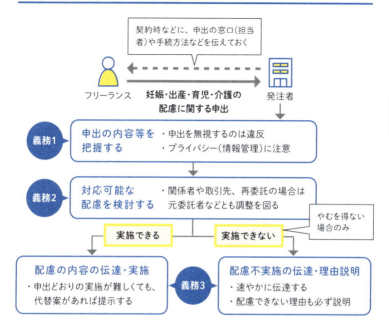

● 不利益な取扱いに該当する例・しない例

フリーランスの申出	不利益な取扱いに該当する・しない	
介護により、水曜日の勤務が難しくなったため、ほかの曜日に変更してほしい	しない	申出どおりほかの曜日に変更する
	する	ほかの曜日への変更は可能だが、契約を解除する
妊娠により体調が悪いので、業務量を減らしてほしい	しない	業務量を7割に減らし、報酬を3割減額する
	する	業務量を7割に減らし、報酬を5割減額する

まとめ
□ 発注者は配慮に対する制度の準備や環境整備が必要
□ フリーランスの不利益になるような対応はNG

031 THE BEGINNER'S GUIDE TO FREELANCE ACT

フリーランスに対する
ハラスメントの防止措置を講じる

● ハラスメント行為の訴えに対応する体制整備が必要

　ハラスメントとは、相手の嫌がる言動によって、不快感や不利益を与えるものです。これまで、職場におけるハラスメントの防止措置は法律上の義務でした。もっとも、そこでは雇用関係があることが前提とされていたため、雇用契約でなく、業務委託契約の下で働くフリーランスは保護の対象外とされてきました。

　しかし、業務を発注する側と受ける側とでは、どうしても力関係の不均衡は発生しますし、業務委託契約においても、ハラスメントは発生します。事実、「令和4年度フリーランス実態調査結果」（内閣官房）によれば、フリーランスの約10人に1人がハラスメントを受けた経験があると回答しています。

　そこでフリーランス法では、発注者に対してハラスメント（セクシュアルハラスメント・マタニティハラスメント・パワーハラスメント）により、フリーランスの就業環境が害されないように、以下の5つの防止・対応措置を講じることを義務づけています。

　①ハラスメントに対する方針の明確化と、社内への周知・啓発、②ハラスメントを受けたフリーランスの相談に応じ、適切に対応するために必要な体制の整備、③ハラスメントへの迅速かつ適切な対応、④相談者（フリーランス）・行為者等のプライバシー保護とその周知、⑤相談等をしたことを理由にした不利益な取扱いをしないことを定め、その旨を**フリーランスに周知・啓発**することです。

　次項から各ハラスメントの類型と防止・対応措置について詳しく見ていきます。

80

● フリーランスのハラスメント被害の有無と内容

【ハラスメント被害の有無】

経験したことがない **89.9%**

経験したことがある **10.1%**

【被害の内訳】

※下記合計が10.4%と上記10.1%を超えているのは複数回答可のため

セクハラ（依頼者等からの性的な言動に対するあなたの反応を理由として仕事上で不利益を受けるなどした）	2.5%
セクハラ（依頼者等の性的な言動によって就業環境が不快なものとなり、あなたの業務の遂行に悪影響が生じるなどした）	1.5%
パワハラ（身体的な攻撃、精神的な攻撃、業務の過大・過小な要求、人間関係からの切り離し、個の侵害）	6.1%
マタハラ（妊娠・出産に関する言動によってあなたの就業環境が害されるもの）	0.4%

出典:「令和4年度フリーランス実態調査結果」(内閣官房)より作成

● 発注者が講じなければらないハラスメント対策

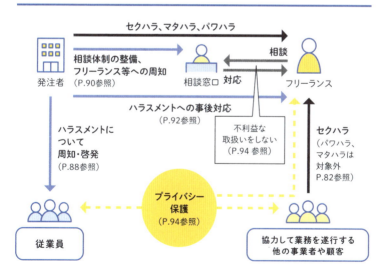

まとめ

- □ フリーランスへのハラスメント防止措置を講じる義務がある
- □ 対象となるのは、セクハラ、マタハラ、パワハラ

032
THE BEGINNER'S GUIDE
TO FREELANCE ACT

業務委託におけるハラスメント①

セクシュアルハラスメントには「対価型」と「環境型」がある

● 同性に対する行為もセクシュアルハラスメントに該当

業務委託におけるセクシュアルハラスメントは、2つに類型化されます。

一つは、発注者等からの性的な言動へのフリーランスの対応により、**契約の条件面で不利益を生じさせる「対価型セクシュアルハラスメント」**です。発注者からの性的な誘いを断ったことで契約を破棄されたり、報酬を減額されたりするといったものが該当します。

もう一つは、発注者等からの性的な言動により、**フリーランスの就業環境が不快なものとなり、能力の発揮に重大な悪影響を及ぼすこと等を指す「環境型セクシュアルハラスメント」**です。業務に専念できなくなったり、意欲が低下したりするなどのケースです。

"性的な言動"には、性的な事実関係を尋ねたり、自身の性的指向や性体験をアピールしたりするなどの性的な"発言"と、不必要に身体に触れたり、性的な関係を迫ったりするなど性的な"行動"のいずれも含まれています。

また、セクシュアルハラスメントの相手が同性か異性かは問いません。相手の性的指向や性自認も無関係です。フリーランスに対する前記のような性的な言動はすべてセクシュアルハラスメントです。

なお、フリーランス法では、ほかのハラスメントと異なり、セクシュアルハラスメントについては、**発注者（役員や従業員を含む）以外に、業務に関わる取引先やほかのフリーランス、顧客などからフリーランスが被害を受けた**場合も、発注者は相談に応じ、迅速かつ適切に対応する義務があります。

● セクシュアルハラスメントの2つの類型

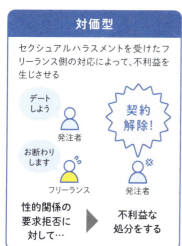

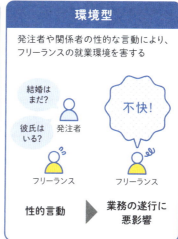

● 性的な言動の例

性的な発言例
・彼氏、彼女がいないかしつこく尋ねる
・執拗に食事やデートへ誘う
・性別や年齢をことさら強調する発言をする
・事業所や宴会で性的な冗談や下ネタ発言をする
・性的な魅力を褒める
・容姿や身体的特徴に言及する
・性的な体験等を尋ねる
・性的指向(同性愛、異性愛など)を尋ねる
・「不倫をしている」など性的な噂話を広げる
・異性に対する差別的な発言をする

性的な行動例
・必要なく体に触ったり、執拗に眺める
・性的な関係を強要する
・わいせつな絵や写真などを配ったり掲示する
・更衣室などをのぞき見する
・酒席でお酌を強要する
・酒席で複数人を前に過去の恋愛経験を話させる
・強制わいせつ行為

> **まとめ**
> □ 性的な言動で相手に不利益を生じさせる行為は厳禁
> □ 性的指向や性自認を問わず、異性だけでなく同性間も該当

033 THE BEGINNER'S GUIDE
TO FREELANCE ACT

業務委託におけるハラスメント②

マタニティハラスメントには
「状態」と「配慮申出」への嫌がらせがある

◉ 妊娠や出産などを理由に不利益を与える行為は禁止

　マタニティハラスメントは「妊娠や出産などに関するハラスメント」です。こちらも2つに類型化されます。

　一つは、**妊娠や出産、妊娠や出産に起因する症状（「つわり」など）などに関する言動により就業環境を害する「状態への嫌がらせ型」**です。たとえば、妊娠による体調不良で業務を行えなかったり、生産性が低下したりしたことを理由に繰り返し嫌がらせを行うことや、妊娠した事実のみを理由に契約の解除や報酬の減額など不利益な取扱いを示唆するのは、状態への嫌がらせ型に該当します。ただし、妊娠や出産、つわりなどが原因で、実際に業務を遂行できない（あるいはできなかった）場合に、その分の報酬の減額等を話し合うのはハラスメントとはなりません。

　もう一つのタイプは、**フリーランスの「配慮申出等への嫌がらせ型」**です。たとえば、フリーランスからの配慮の申出（P.76参照）に対して、申出を阻害したり取下げを求めたり、あるいはフリーランスが実際に配慮を受けて業務量を減らしたことに対して嫌がらせを行ったりするのは、配慮申出等への嫌がらせ型に該当します。また、配慮の申出に対して契約解除やペナルティ的な減額をほのめかすといった不利益な取扱いを示唆するのも同様です。

　なお、右ページのとおり、**業務の遂行に必要となる言動は、マタニティハラスメントには当たりません**。「あなたが休むせいで迷惑している」はNGですが、「休むときは、前日に引き継ぎのメモを残してほしい」といった要求はハラスメントに当たりません。

● マタニティハラスメントの2つの類型

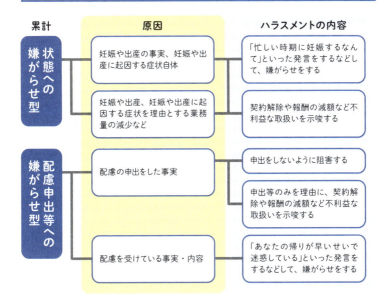

● マタニティハラスメントに該当するケース・しないケース

まとめ	□ 配慮の申出をさせない行為もハラスメントになる
	□ 業務上で必要な言動は、ハラスメントにはならない

034 THE BEGINNER'S GUIDE
TO FREELANCE ACT

業務委託におけるハラスメント③

パワーハラスメントの認定に
関与する3つの要素

● 身体的・精神的な攻撃だけでなく、無視や過大な要求も該当

　業務委託において、発注者の指示や指導がパワーハラスメントとなるのは、次の3つの要素をすべて満たしている場合です。

　1つめは、**取引上の優越的な関係を背景とした言動**であること。発注者である事業者だけでなく、業務委託に関係している契約や事業、成果物の検収等の各担当者のほか、発注者が雇用する労働者のうち、フリーランスが業務を遂行するうえで**抵抗や拒絶が難しい関係にある者の言動**はすべて対象となります。

　2つめは、フリーランスが**業務を遂行するうえで、必要かつ相当な範囲を超えた言動**であること。"必要かつ相当な範囲"は、社会通念に照らして判断されます。業務上の必要性の有無や程度、言動の回数、多人数で取り囲むなどの態様や手段、言動に至った経緯や状況のほか、業種や業態、フリーランスの責めに帰すべき事由の有無、行為者との関係性など、さまざまな要素を社会通念に照らして総合的に判断します。

　3つめは、**フリーランスの就業環境が害される言動である**こと。"就業環境が害される"とは、発注者の言動により、フリーランスが身体的または精神的に苦痛を感じ、能力の発揮に重大な悪影響が生じる等することを指します。該当するかどうかの判断にあたっては、一般的なフリーランスが「看過できない」と感じるような言動かどうかが基準となります。

　なお、パワーハラスメントの具体例については、右ページを参照してください。大きく6つの類型に分けられます。

● パワーハラスメントの類型

言動の類型	該当する例	該当しない例
身体的な攻撃 ●暴行 ●傷害	●殴ったり蹴ったりする ●物を投げつける ●胸ぐらをつかむ	●不注意でぶつかる ●事故回避のために突き飛ばす
精神的な攻撃 ●脅迫 ●名誉毀損 ●侮蔑 ●ひどい暴言 ●執拗な嫌がらせ	●人格を否定するような言動を行う ●必要以上に長時間にわたる激しい叱責を繰り返す ●ほかの人の前で大声で威圧的に叱責する ●能力を否定・罵倒する電子メールを、本人を含む複数の関係者宛に送信する ●契約解除をチラつかせて不安にさせる	●契約内容が実施されず、繰り返し注意しても改善されないため、一定程度強く注意する ●事業所外へのデータの持ち出しなど、重大な問題行動が発覚したので経緯などを追及する
人間関係からの切り離し ●隔離 ●仲間外し ●無視	●ほかの関係者との接触を禁じる ●集団で無視する ●重要な連絡事項を当該のフリーランスだけに伝えない	●業務の都合上、短期間集中的に別室で研修等を実施する
過大な要求 ●業務上明らかに不要、不可能なことの強制 ●仕事の妨害	●契約外の肉体的・精神的負荷の高い業務を強要する ●嫌がらせのために、成果物の受領を拒んだり、やり直しを強制したりする	●業務の繁忙期に契約の範囲内で、通常時より一定程度業務量を増やす ●明示していた検収基準に達していないため、やり直してもらう
過小な要求 ●業務上の合理性なく、能力や経験とかけ離れた程度の低い仕事を命じる ●合理的な理由なく、仕事を与えない	●嫌がらせのために、契約上予定していた業務や役割を与えない	●予定していた成果物の発注数が減少したため、契約の範囲内で業務量を減らす
個の侵害 ●私的なことに過度に立ち入る	●不必要に個人のSNSなどを日々チェックするなど、事業所外での言動を継続的に監視する ●性的指向や性自認、病歴、不妊治療などの機微な個人情報を勝手に暴露する	●育児や介護など、フリーランスへの配慮を目的に、家族の状況等をヒアリングする ●フリーランスの了解の下、必要な範囲で、病歴などの個人情報を関係者に知らせ、配慮を促す

Part 4

「募集」「契約解除」「妊娠・出産・育児・介護」「ハラスメント」に関する発注者の義務

まとめ　□ 3つの要素をすべて満たすことがパワーハラスメントの条件
　　　　　　□ 人間関係からの切り離しやプライベートの侵害もパワハラになる

035 THE BEGINNER'S GUIDE
TO FREELANCE ACT

ハラスメント対策に係る体制整備①

ハラスメントに対する方針等を
明確化し、周知・啓発する

◉ ハラスメント禁止の規定と関係者への周知

ここからは、P.80で説明した、発注者に義務づけられているフリーランスへのハラスメント防止のための5つの義務（防止・対応措置）について見ていきます。

1つめの義務は、**ハラスメントを行ってはならない旨の方針等の明確化と、社内への周知・啓発**です。就業規則のような服務規律等を定めた文書などに「フリーランスへのハラスメントを行ってはならないこと」「ハラスメントを行った者には厳正な対処をすることおよびその内容」を定めるとともに、業務委託契約に係る契約・事業・検収などの各担当者や関係者へ周知・啓発します。

周知・啓発のポイントは、**ハラスメントが発生する原因や背景についての理解を深めること**です。セクシュアルハラスメントであれば、個人の能力とは無関係に、男女の性別を理由に役割を分ける「性別役割分担意識」（「○○は男性、△△は女性がするもの」といった意識）に基づく言動が原因になっていることが少なくありません。マタニティハラスメントでは、特定の人物を対象としたものでなくても、日頃からの「妊婦はサポート要員が必要になるから大変なんだよね」といった言動が、配慮の申出をしにくい環境を醸成しているケースがあります。パワーハラスメントでは、フリーランスが取引の構造上弱い立場に置かれており、下に見る意識を持ってしまいがちなことや圧力をかけてしまいがちなことが背景にあります。

このような原因や背景を周知して解決に努めることが、ハラスメントの防止の効果を高めるうえで重要です。

● フリーランスへのハラスメント防止のための発注者の義務

明確化

就業規則 → フリーランスへのハラスメントを行ってはならない旨の方針を規定する

服務規律 → フリーランスへのハラスメントに係る言動を行った者への懲戒規定を定める

周知・啓発

研修や講習などを実施する

社内報やパンフレット、社内のウェブサイトなどに、方針や啓発のための資料などを記載する

● ハラスメントの背景や原因となりやすいもの

セクシュアルハラスメント

性別役割分担意識
【例】
・男性は仕事、女性は家庭
・男性は主要な業務、女性は補助的な業務
・いざというときに頼りになるのは男性
・細かい作業は女性が向いている
・お茶くみやお酌は女性の仕事

マタニティハラスメント

・妊娠・出産等について否定的な言動が頻繁に聞かれ、配慮の申出がしにくい
・配慮の申出ができることについての周知が不十分

パワーハラスメント

・フリーランスを下に見る意識
・取引の構造上、圧力をかけやすい
・言い逃れできる、会社は従業員の味方につくと思っている

従業員等に対して、ハラスメントの背景や根本的な原因を理解してもらうため、周知・啓発が必要

まとめ
☐ ハラスメントの原因や背景について理解を深める
☐ ハラスメント禁止の方針と違反者への罰則を周知させる

036 THE BEGINNER'S GUIDE
TO FREELANCE ACT

ハラスメント対策に係る体制整備②

相談窓口の設置など
適切な対応のための体制を整備する

◉ 既存の相談窓口をフリーランス向けに対応させてもOK

　発注者の２つめの義務は、**ハラスメントを受けたフリーランスの相談に応じ、適切かつ柔軟に対応するために必要な体制の整備**です。

　具体的には、まず**相談窓口の設置とその周知**が必要です。新たに窓口を設置するのではなく、男女雇用機会均等法や労働施策総合推進法を根拠に、すでに従業員向けに設置されている各ハラスメントの相談窓口を、フリーランスも活用できるようにしたうえで、これを周知する形でもかまいません。また、外部の機関に相談への対応を委託するのも OK です。

　相談の受付については、対面や電話のほかに、メールや専用アプリなどによるものも認められています。ただし、対面以外の方法については受付確認メールを返信するなど、**相談したフリーランスが受付の完了を確実に認識できる**仕組みにする必要があります。

　また、**相談窓口の担当者が相談内容や状況に応じて、適切に対応できる体制**を整えることが求められます。内容等に応じて担当者が各部門と連携できるようにしておいたり、担当者向け相談対応マニュアルの作成や研修を行ったりするなどしましょう。

　なお、ハラスメントの被害を受けたフリーランスが、萎縮して相談を躊躇してしまうケースもあるので、確実にハラスメントが発生しているケースだけでなく、発生の恐れがあるケースや、ハラスメントに該当するかどうか微妙なケースでも、広く相談に対応できるようにしましょう。

● 相談窓口をフリーランスに周知していると認められる例

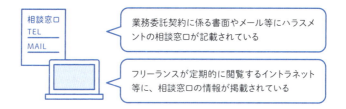

● 担当者が適切に対応できる体制と認められる例

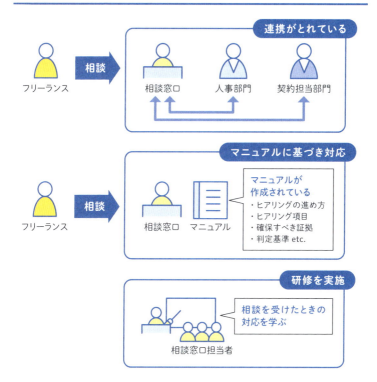

まとめ
- □ ハラスメント相談窓口の設置が必須
- □ 窓口の担当者が適切に対応できるような体制を整備

037 THE BEGINNER'S GUIDE TO FREELANCE ACT

ハラスメント対策に係る体制整備③
ハラスメント行為を迅速・正確に把握し適正な措置をとる

▶ フリーランスと行為者、双方から事実関係の確認を

　発注者の３つめの義務は、フリーランスからのハラスメント関連の相談の申出に対して、**事実関係を迅速かつ正確に確認し、適正な措置**をとることです。相談を受けたら、相談窓口の担当者または人事部門や専門の委員会などが、フリーランスとハラスメントをしたとされる行為者の双方から事実関係を確認しましょう。セクシュアルハラスメントについては、性的な言動の行為者とされる人物が自社以外の事業者に所属している場合、必要に応じてほかの事業者にも確認の協力を求める必要があります。

　事実関係に関する主張が双方で一致せず、そのままでは事実の確認が十分にできない場合は、第三者からも聴取を行います。なお、事実関係の確認状況を共有することが適切な場合は、可能な範囲でフリーランスに共有します。

　事実確認により、ハラスメントの事実が判明した場合には、**被害者であるフリーランスに対して、速やかかつ適正な配慮**を行います。事案の内容や状況にもよりますが、「被害者と行為者の関係改善に向けた援助を行う」「行為者を配置転換して引き離す」「行為者に謝罪させる」「被害者の取引条件上の不利益を回復させる」「産業保健スタッフなどによるメンタルケアを行う」などの措置が考えられます。さらに、**行為者に対しても、業務委託におけるハラスメントに関する規定等に基づいて、懲戒処分や適正な措置**を行います。

　また、フリーランスに対するハラスメントに関する方針を改めて社内展開するなど、再発防止に向けた措置を講じましょう。

● 事実確認と対応のフロー

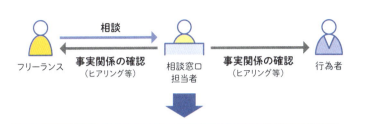

ハラスメントの事実が確認された場合

対応
- 双方の関係改善への援助
- 被害者と行為者を引き離すための措置
- 行為者の謝罪
- 被害者の取引条件の不利益の回復
- 事業場内産業保健スタッフなどによる被害者のメンタルケア
- etc.

フリーランス（相談者）と行為者で主張が異なる場合

対応
- 第三者からも事実関係を聴取する

ハラスメントの事実が確認されたかどうかにかかわらず、
改めて再発防止に向けて措置を講じる

まとめ
- □ ハラスメントの事実関係を迅速、かつ正確に確認
- □ 把握した事実に沿って、規定などに基づき適切に対応する

038 THE BEGINNER'S GUIDE
TO FREELANCE ACT

ハラスメント対策に係る体制整備④⑤

プライバシー保護の措置・周知、
不利益な取扱いをしない旨の周知・啓発

● フリーランスが不利益を被らないことを周知・啓発する

　発注者の4つめの義務は、**相談者・行為者などのプライバシーを保護するために必要な措置を講じ、これを周知する**ことです。ハラスメントの問題では、フリーランスの相談を受けた時点から事後対応までを通して、プライバシーに係る情報に触れることが少なくありません。たとえば、ハラスメントの内容によっては、性的指向や性自認、病歴、不妊治療などの機微な個人情報が含まれます。そのため、プライバシーを保護する措置をとり、またこれを周知することが必要になります。

　具体的には、業務委託の契約時に交わす書面やメールなどに措置を講じていることを記載したり、フリーランスが定期的に閲覧するイントラネットや、発注者の社内報やパンフレット、社内ホームページなどに掲載したりしましょう。また、プライバシー保護のために必要な事項をあらかじめマニュアルに定めておき、相談窓口の担当者にはマニュアルに沿った対応をすることを徹底しましょう。そのほか、必要に応じて窓口担当者向けの研修を行いましょう。

　5つめの義務は、フリーランスがハラスメントに関する相談をしたことや事実関係の確認などに協力したこと、また厚生労働大臣（都道府県労働局）に申出を行ったことなどを理由に、**業務委託契約の解除等の不利益な取扱いはしないことを定め、フリーランスに周知・啓発する**ことです。

　周知・啓発の方法については、前記したプライバシー保護と同様です。

● ハラスメント相談窓口担当者の心得

1 先入観を捨て、証拠をもとに事実を確認する

2 発注者の都合ではなく、相談者（フリーランス）にとって望ましい対応を心がける

3 迅速な対応に努める

4 相談者、行為者、関係者のプライバシー情報を漏えいしない

5 相談者等が不利益を被ることのないように、またメンタルケアにも注意する

● フリーランスや従業員への周知事項・方法

周知事項
・相談者や行為者、関係者などのプライバシーを保護するために必要な措置を講じていること
・相談したり、情報提供に協力したりしたことにより、不利益な取扱いをされることがないこと

周知方法
・業務委託契約に関係する書面やメールなどに記載する
・フリーランスが定期的に閲覧するイントラネット等に掲載する
・社内報、パンフレット、社内ホームページ等、広報や啓発のための資料に掲載し、配布する

再委託の場合のハラスメント対策

ほかの事業者（元委託者）から受託した業務をフリーランスに再委託している場合、元委託者の事業所でフリーランスが業務を行ったり、元委託者の関係先と協力して業務を遂行するケースがあります。

このようなハラスメント対策としては、以下のような方法が考えられます。

❶発注者と元委託者との間の契約において、元委託者もフリーランスに対するハラスメント対策を行う旨を規定してもらう

❷元委託者が何層にも及ぶなど、多数の契約当事者が存在する場合は、フリーランスが就業する場所において、フリーランスのハラスメント対策を効果的に行えると認められる事業者に協力を求める（契約や覚書等を交わすのが望ましい）

まとめ
□ プライバシー保護の意識を持ち、マニュアルを作成
□ ハラスメントの相談をしたことで不利益な取扱いを行わない

Part 4 「募集」「契約解除」「妊娠・出産・育児・介護」「ハラスメント」に関する発注者の義務

● Column

フリーランスへのハラスメント被害の実態

「令和4年度フリーランス実態調査結果」（内閣官房）によれば、ハラスメント被害を受けたフリーランスの対応の難しさがうかがえます。

■ハラスメント行為を受けたフリーランスの対応

対応	割合
❶行為者に対してやめるよう申し入れた	23.9%
❷行為者の職場の人（上司や同僚）に対して相談した	19.7%
❸行為者がいる組織が設置している相談窓口等を活用した	8.5%
❹特に何もせず、そのまま取引を継続した	35.2%
❺心身に不調や病気を発症した	8.5%
❻業務の遂行に支障が出た（恐くて仕事に行けない、連絡をとれない等）	11.3%
❼その他	8.0%

※複数回答可のため、割合の合計が100%を超える

❹の理由として、約半数が「受け入れないと、今後の取引が切られる又は減らされるおそれがあったため」と回答しています。

また、❶〜❸の対応により受けた影響は以下のとおりです。

■上表の対応により受けた影響

対応	割合
①ハラスメント行為がなくなったり、改善された	28.0%
②行為者からの謝罪があった	23.0%
③担当者が変更された（行為者が担当者から外れた）	30.0%
④取引上の不利益（取引量を減らされた、報酬を減らされた等）を受けた	15.0%
⑤その他の不利益（ハラスメント行為がエスカレートした、無視された）を受けた	8.0%
⑥変わらない	16.0%
⑦その他	1.0%

※複数回答可のため、割合の合計が100%を超える

ここまでに説明したとおり、単に相談窓口を設置しただけでは解決につながりません。実効的なものにするためには、ハラスメントの禁止等についての周知・啓発が欠かせません。

THE BEGINNER'S GUIDE TO FREELANCE ACT

Part  5

問題解決のための手段

フリーランスによる違反の申出などの手順と発注者の対応

039 THE BEGINNER'S GUIDE TO FREELANCE ACT

違反の申出をする前に
確認したい2つの事項

● 発注者の雇用状態と業務継続期間を確認

　Part1で説明したとおり、フリーランス法では、発注者に対して7つの規制が設けられています。ただし、法人・個人の別や従業員等の有無および業務委託期間によって、守らなければならない規制は異なります。そのため、フリーランスはトラブルが発生した場合、**発注者が「業務委託事業者」に留まらず、「特定業務委託事業者」に当たるかどうかを確認**する必要があります。業務委託事業者は従業員を雇用していない個人事業主と一人会社（P.18参照）、特定業務委託事業者は従業員を雇用している個人事業主と会社（役員2人以上でも該当）です。

　また、**業務委託の期間の確認**も必要です。特定業務委託事業者が1か月以上の期間行う業務を委託する場合は、Part3の「7つの禁止行為」の対象となります。さらに、6か月以上の継続的業務委託については、Part4で説明した就業環境の整備のうち「妊娠・出産・育児・介護と業務の両立に対する配慮」「中途解除等の事前予告」の対象にもなります。

　発注者が義務を果たしていない場合、**フリーランスは行政機関に違反の存在を申し出ることができます**。発注者は、フリーランスが行政機関に違反の存在を申し出たことを理由に、フリーランスとの契約の解除や報酬の減額をするなどの不利益な行為をすることを禁じられています。日頃から発注者に課せられた義務を社内で周知するなど、フリーランスと問題が起こらないような環境づくりに努め、申出を受けないようにすることが何よりも大切です。

発注者に課せられた「規制」判定フロー

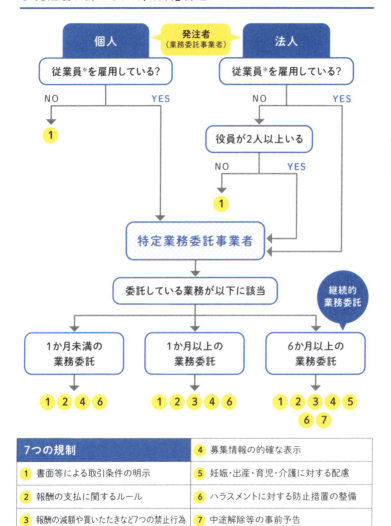

7つの規制	4 募集情報の的確な表示
1 書面等による取引条件の明示	5 妊娠・出産・育児・介護に対する配慮
2 報酬の支払に関するルール	6 ハラスメントに対する防止措置の整備
3 報酬の減額や買いたたきなど7つの禁止行為	7 中途解除等の事前予告

※週20時間以上かつ31日以上の雇用が見込まれる者

まとめ
- □ 発注者における従業員等の有無と業務の期間を確認する
- □ 義務が果たされない場合、行政窓口への違反の申出が可能

040 THE BEGINNER'S GUIDE
TO FREELANCE ACT

万が一のトラブルに備えて
証拠として残しておきたいもの

● 契約書やメール、SNSなどのやり取りを残しておく

フリーランス側も、発注者側も、トラブルの解決に当たっては、証拠を準備しておくと、話がスムーズに進みます。最も重要なのは、**契約書やメールによる通知など、取引（委託）条件を明示した書面等（3条通知）**です。法的責任の有無などを判断するには、まずは委託条件がどのようなものであったのかが精査されます。

そのほか、請求書やメール・SNSのやり取り、入金記録なども、日頃からきちんと管理しておくことが大切です。特にSNSについては、後から編集・削除が行えたり、一定期間の経過後やグループからの退出後に閲覧不可となるものもあります。スクリーンショットなどで証拠を保存しておきましょう。

また、業務委託契約の範囲かどうか、微妙なラインの業務を口頭で依頼されたようなときは、トラブルへの備えとして、フリーランスから発注者に対して、**請けた業務の内容や条件を確認する形式で、相手にメールを送信**するなどして、証拠が残るように心がけましょう。

パワハラなどのハラスメントについては、**メールやSNSのやり取りなどのほか、ICレコーダーなどの録音データが証拠**となります。メール等で「あなたから○○という暴言を吐かれました。これ以上の業務継続はできません」などと送って記録に残す方法もあります。また、日記やメモ帳の記録も証拠となります。こまめに、正確に記録しておくとよいでしょう。

● フリーランス・トラブル110番に寄せられた相談内容※

相談内容	割合	相談内容	割合
報酬の支払遅延	33.0%	やり直しの要請	3.1%
報酬の減額	25.5%	役務の成果物に係る権利の一方的な取扱	1.0%
		役務の成果物の受領拒否	1.1%
一方的な注文取消	10.9%	役務の成果物の返品	0.1%
著しく低い報酬の一方的な決定	4.3%	不要な商品又は役務の購入・利用強制	0.5%
不当な経済上の益の提供要請	3.5%	その他取引条件の一方的設定・変更・実施	13.8%
秘密保持義務の一方的な設定	3.2%		

※令和3年5月〜令和4年8月の相談案件

● 証拠として残しておきたいもの

発注書・契約書等

報酬額や支払期日、業務内容の詳細などが記載されていることが重要。発注書や契約書など取引条件を明示した書面（3条通知）は必ず大切に保管しておく

メールのやり取り

当事者間で契約条件等の合意をした形跡があれば、メールやSNSでのやり取りも証拠となる。資料とするときは、時系列に整理する。メモなどの記録も証拠になる場合がある

録音データ

ハラスメントについては、メールやSNSのやり取りなどのほか、ICレコーダーなどの録音データも証拠として有効。日時が記録できる音声アプリなどを使うとよい

SNSでのやり取りでニックネームを使用している場合は、相手が本人であることの証明が必要となる

勝手に録音しても問題にならない？ パワハラなどのハラスメントを受ける可能性が高いと考えられる状況であれば、相手の承諾を得ずに無断で録音しても問題ないとされています。

まとめ

☐ 詳細を記した契約書やメールを残しておく

☐ ハラスメントトラブルには録音データも有効

Part 5 フリーランスによる違反の申出などの手順と発注者の対応

041 THE BEGINNER'S GUIDE
TO FREELANCE ACT

違反行為を受けた場合には
担当の行政機関に申し出る

● 違反に対しては、指導・勧告・命令（公表）がなされる

　フリーランス法違反があると思われる場合はどのように対応すれ
ばよいでしょうか。いくつか方法がありますが、基本となるのは、
担当の行政機関（以下「当局」）への申出です。右ページのとおり、
**取引の適正化については公正取引委員会または中小企業庁、就業環
境の整備については厚生労働省**に設置された窓口が申出先となりま
す。訪庁しての申出も可能ですが、申出自体はオンラインで行うこ
とができるようになる予定です（令和6年9月20日現在）。

　申出を受けた当局は必要に応じて調査を行うほか、発注者に報告
を求めたり、立入検査を行ったりすることもあります。発注者が報
告に応じない場合や、虚偽の報告や検査を拒否した場合には、50万
円以下の罰金が科されます。

　当局は調査等の結果、フリーランス法違反の事実があると判断し
たときには、発注者に対して**指導・助言、勧告**を行うことができます。
未払の報酬の速やかな支払や、ハラスメントへのしかるべき対応な
ど、違反状態を是正するために必要な措置をとるべきことが勧告さ
れます。

　さらに、正当な理由なく勧告に従わないときは、**勧告に係る措置
をとるべきことを命令・公表**することができ、**命令違反には50万
円以下の罰金**が科されます。

　なお、発注者は、フリーランスが当局に申出を行ったことを理由
として、取引を減らしたり、やめたりするなど不利益な取扱い（**報
復措置**）をすることが禁止されています。

102

● フリーランス法違反の申出先となる行政機関

行政機関	出先機関	対象となる違反の範囲
公正取引委員会	地方事務所	取引の適正化に関する違反
中小企業庁	経済産業局	
厚生労働省	労働局	就業環境の整備に関する違反

申出だけでなく、相談にも対応!

● 行政機関による対応・罰則

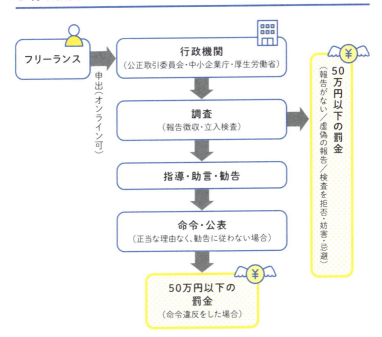

まとめ
- □ フリーランス法違反をすると勧告・命令などの不利益がある
- □ 申出を行ったこと等への報復措置も禁止

042 THE BEGINNER'S GUIDE
TO FREELANCE ACT

行政機関以外の相談窓口には
フリーランス・トラブル110番がある

▶ 弁護士に相談できるほか、解決方法の案内などのサポートまで

Part1 でも説明しましたが、フリーランス法は公正取引委員会や中小企業庁、厚生労働省など複数の行政機関の所管が重なっている法律です。このため、何か問題が生じた場合にどこに申し出ればいいのかがわかりにくいという場合もあるでしょう。

どこに相談してよいか困ったときに役立つのが、厚生労働省の委託事業として第二東京弁護士会によって運営される「**フリーランス・トラブル110番**」です。報酬の未払や支払遅延などの金銭トラブルから、パワハラやセクハラなどのハラスメントトラブルなど、フリーランスが直面するさまざまなトラブルに対応しています。

フリーランス・トラブル110番の特徴は、**弁護士が無料で相談**を受け付けてくれることです。また、**電話やメールでの相談が可能**なので、近くに相談窓口が見つからない、あるいは時間がとれないといった場合でも、気軽にコンタクトできます。**匿名の相談**にも応じてもらえます。相談者本人の承諾なしで、発注者に相談内容を知られる心配もありません。

なお、相談の際には事前に、①相談内容を明確にしておく、②発生したトラブルを時系列に整理しておく、③トラブルに関係する契約書やメールなどの証拠等を用意しておく、④質問事項をまとめておく、などすると、スムーズに進みます。

さらに、フリーランス本人での解決が難しい場合には、弁護士が発注者とフリーランス双方の話を聞いて和解を目指す「和解あっせん」（P.106 参照）の依頼も可能です。

● フリーランス・トラブル110番の相談の流れ

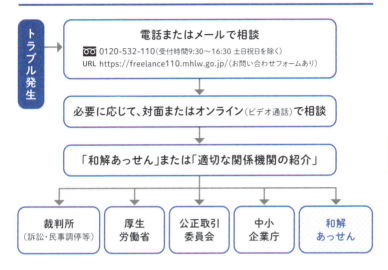

● フリーランス・トラブル110番の特徴

【相談例】 ・報酬がはっきりしない ・契約書を作成してもらえない ・報酬が支払われない
・ハラスメントを受けた ・突然、契約解除を通告された

弁護士に相談できる	相談料が無料	秘密厳守
フリーランスに関する法律問題に詳しい弁護士に対応してもらえる	料金がかからない	秘密で相談できる。発注者への連絡も行われない

電話やメールで相談可能	対面やオンライン相談も可	和解あっせんの依頼も可
時間や場所を気にせず相談できる。匿名でもOK!	関連資料を提出すれば、それを見ながら解決策を提案してもらえる	和解あっせん人(弁護士)による利害関係の調整や解決案の提示等をしてもらえる(利用料無料)

まとめ
□ フリーランス・トラブル110番は弁護士に無料で相談できる
□ メールや電話での相談が可能。匿名でも可

043

THE BEGINNER'S GUIDE TO FREELANCE ACT

第三者の弁護士が両者の間に立って和解を目指す「和解あっせん」

● トラブル先との和解を第三者に仲立ちしてもらう手続

　フリーランスが個人では発注者とのトラブルを解決できない場合に選択肢の一つとなるのが、フリーランス・トラブル110番における「和解あっせん」です。

　和解あっせんは、第三者であるあっせん人（弁護士）が当事者間の和解による紛争解決を手助けするものです。あっせん人がフリーランスと発注者の双方から話を聞き、互いの利害関係を調整したり、解決案を提示したりして和解を目指します。

　和解あっせんの手続を申し立てると、仲裁センターが相手方発注者に手続に出席してもらえるように働きかけます。このとき、**フリーランスが事前に発注者とあっせん手続への移行について、伝えたり、話し合ったりしておく必要はありません**（ただし、本手続を利用することにつき大まかな申し合わせ等があればよりスムーズです）。

　和解あっせんは、申立の方法が簡単で、Web会議システムでの話し合いにも対応していること、手続費用がかからずに利用できること（ただし、相手が法人である場合は履歴事項全部証明書を法務局で取得する必要があり、その実費等は自己負担になります）、解決までに要する期間も短くて済むことなどがメリットです。

　一方で、あくまで話し合いの手続ですので、相手がこれに応じない事件には適しません。また、あっせん人が出す解決案自体に拘束力があるわけではないことにも留意が必要です。利用が適当な事件かどうかの確認も含め、まずはフリーランス・トラブル110番に相談するとよいでしょう。

● 和解あっせんのプロセス

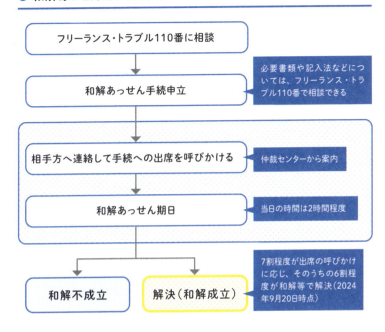

● 和解あっせんと民事調停、裁判の違い

解決手段	和解あっせん	民事調停	裁判
担当	弁護士	弁護士に限らない	裁判官
時間	任意 必要に応じて休日や夜間、オンライン対応も可能	裁判所が指定 基本は平日17時まで	裁判所が指定
場所	任意	裁判所	裁判所
公開・非公開	非公開	非公開	公開

> **まとめ**
> □ 第三者（弁護士）に利害調整や解決案の提案をしてもらえる
> □ 手続費用なしで利用できる

044 THE BEGINNER'S GUIDE TO FREELANCE ACT

民事上の解決手段として考えられる「少額訴訟」と「支払督促」

● 少額訴訟を起こすという手も

　報酬支払の遅れ・未払などの金銭トラブルは、実務上非常に多く見られます。数千円〜数万円程度の少額の報酬債権の回収は、費用面で弁護士などへの依頼がためらわれるかもしれません。そこで、自ら民事上の手続をとる場合は**少額訴訟**を起こす方法があります。

　少額訴訟は簡易裁判所で行う裁判手続で、**相手に請求したい金額が60万円以下**の場合に利用できます。自分で提起する場合にかかる費用は1万円以内程度で、初回審理の日に即日判決が下されるため、解決まで長期間に及ぶ心配がありません。少額訴訟は弁護士を付けずに提訴するケースが約8割です。

　ただし、相手が少額訴訟に反対したり、判決に異議申立がされたりした場合には、通常訴訟に移行することや、勝訴しても実際に支払ってもらえるとは限らず、強制執行の手続が別途必要になる場合もあることなどには注意が必要です。

　なお、**60万円超の場合は民事訴訟**（通常の訴訟）となります。

　報酬の回収手段には、**支払督促**（督促手続）もあります。金銭等の支払を目的とする請求につき、簡易裁判所書記官の書面審査のみで支払督促を出してもらうことができます。相手が異議を述べなければ、簡易迅速に勝訴判決と同等の成果が得られる可能性があります。

　ただし、相手の異議で通常訴訟に移行することや、その際、相手の住所地での裁判となるリスクがあります。また、相手に支払ってもらえない場合は、こちらも強制執行の手続が別途必要になります。これらの点にも注意して、利用に適しているか検討が必要です。

● 少額訴訟の特徴

特徴1
請求金額が
60万円以下のものに限定

特徴2
証拠はその場で
調べられるものに限定

特徴3
1回の審理で
即日判決

特徴4
異議申立により
通常訴訟へ移行

特徴5
和解による
解決も期待できる

特徴6
相手の住所が
わからない場合は使えない

● 少額訴訟の流れ

訴状、証拠書類を簡易裁判所に提出

相手が答弁書等を提出

審理（即日判決）

異議があれば通常訴訟に移行

まとめ
□ 民事上の手段として少額訴訟や支払督促がある
□ ただし、どちらも利用に当たり注意すべき点がある

● Column

支払督促や少額訴訟に踏み切る前に、催促状や催告書で請求の意思を示す

　フリーランスのトラブルで多いのは報酬未払のケースです。法的手段をとる前にまずは自力で解決を試みる場合、たとえば、以下のような流れが考えられます（ただし、とるべき手段はケース・バイ・ケースです。迷ったら専門家やフリーランス・トラブル110番などに相談しましょう）。

　支払期日に報酬が支払われなかったからといって、いきなり支払督促や少額訴訟などの法的手段を行うと、発注者との関係に支障をきたす可能性もあります。そこで、まずは電話やメールで先方の担当者に事情確認を行うとよいでしょう（ただし、支払期日前からトラブルとなっていたなど不払いが予期されていたような場合は別の対応が必要なこともあります）。未払の原因は請求書の紛失や手続の失念などによる遅延であることもあります。その場合は、入金予定日を確認し、必要な手続をします（遅延損害金の請求も検討するとよいでしょう）。

　電話やメールなどで連絡がとれない場合、もしくは相手が故意に支払を拒否している場合は、催促状を送り、改めて請求の意思を示すという方法もあります。「これ以上支払がない場合は、法的手段をとる」ことを記載したり、内容証明郵便を用いたりする方法も効果的なことがあります。

　もし、催促状を送っても支払がない場合には、重ねて催促状を送ることもありますが、次のステップを考えなければならないことも多いでしょう。すでに説明したとおり、和解あっせんや、支払督促、（少額）訴訟などの方法による解決に進むことも検討してください。

THE BEGINNER'S GUIDE TO FREELANCE ACT

Part 6

発注者とフリーランスの問題を解決！

よくある
トラブル事例と
解決のポイント

報酬の減額・買いたたきにかかわるトラブル

事例01 初めての取引であることを理由に、著しく低い報酬を提示された。

相談内容

定期刊行物のデザイン業務を依頼されました（納期は2か月先）。報酬が相場の半値だったため、上乗せをお願いしましたが、「初めての取引であること」「相場の半値である根拠がないこと」を理由に断られました。初めての取引だからといって、買いたたくことは認められるのでしょうか。また、相場を示す証拠としてどんな材料を用意すればいいでしょうか。

POINT

1か月以上の期間行う業務委託において、通常支払われる対価よりも著しく低い報酬額を不当に定めることは、買いたたきの違反となる可能性があります。

買いたたきに該当するかどうかは、①対価の決定方法（十分な協議が行われたかどうかなど）、②対価の決定内容（差別的であるかどうかなど）、③「通常支払われる対価」との乖離状況、④原材料等の価格動向などを勘案して、総合的に判断されます。

このうち、「通常支払われる対価」は、その業務と同種または類似の成果物や役務について、そのフリーランスの属する取引地域において一般に支払われる対価をいいます。

本事例のように、初めての取引であるからといって、相場の半値

で発注するとの報酬相場が形成されているとは通常考えにくいので、**そのような価格を一方的に定めることは買いたたきの違反**となる可能性があります。

定期刊行物のデザイン業務の対価については、たとえば、実際にデザイン業務を募集しているウェブサイトに記載されている料金相場などが参考になります。

こうした**公表されている情報を「通常支払われる対価」の参考**にしながら、発注者と交渉したり、当局への通報を検討したりすることが考えられます。

> **アドバイス**
>
>
> **発注者へ**
> 相場より著しく低い報酬は買いたたきとなる可能性があります。「お試し価格」のつもりであっても、あまりに安すぎる対価は要注意です。
>
>
> **フリーランスへ**
> 公表されている情報などを「通常支払われている対価」の参考にして交渉してみましょう。

事例 02 原稿のクオリティに問題があるとして、報酬の減額を要求された。

相談内容

3か月ほど前に執筆業務を受託しました。文字数など明示された要件を満たした形で納期の数日前に原稿を提出したのですが、説明がわかりづらいとのことで、発注者が大幅に書き直しを行いました。締切まで時間がなく、こちらに原稿のやり直しを指示できなかったとのことで、代わりに報酬の3割カットを要求されました。

POINT

　1か月以上の期間行う業務委託において、フリーランスの責めに帰すべき事由がないのに、3条通知に明示された報酬を減額することはできません。

　この「フリーランスの責めに帰すべき事由」があると認められるのは、少なくとも受領拒否や返品が認められる場合に限られます。3条通知に委託内容が明確に記載されていないとか、検査基準が明確でないとかのために、**委託した内容と成果物が適合していないことが明らかでない場合は、フリーランスの責めに帰すべき事由があるとはいえず、報酬を減額することも認められません。**

　たとえば、本事例でも、提出した原稿が同種の業務で通常想定されるような品質に遠く及ばず、委託した内容に適合しないことが明らかな場合であれば、「責めに帰すべき事由」があると認められるでしょう。

　しかし、単に発注者にとって説明がわかりづらいと感じられた程度であるなど、原稿が依頼した内容に適合していないことが明らかでない場合には、報酬を減額することはできません。

　また、成果物の不備についての相当額以上の減額はできないことに注意しましょう。ペナルティ的な減額の上乗せは違反です。

アドバイス

発注者へ
成果物の品質・内容については、できる限り3条通知で具体化しておくことが必要ですが、提出された成果物が想定した品質・内容に及んでいない可能性も考えて、「余裕をもって納期を定める」「業務遂行の途中で品質を確認するステップを設ける」ことなども検討しましょう。

フリーランスへ
成果物の品質や検査基準等があいまいな場合は、委託時にできる限り明確にしてもらうように要求しましょう。確認した内容は、口頭でのやり取りで済ませず、契約書の修正や電子メール等で追記事項として送信してもらうなど、発注者から書面を受け取り、証拠として残るようにしましょう。

事例 03 元委託者から発注者へのコストカットに伴い、報酬の値下げを求められた。

相談内容

小規模な清掃会社からA社のビル清掃を請け負って3年が経ちます。先日、A社から予算を削減されたことを理由に、今後の報酬は1割カットになると清掃会社から告げられました。業務内容は変わりません。許されるのでしょうか？

POINT

「事例02」と同じく報酬の減額についてのルールが適用されます。1か月以上の期間行う業務委託において、フリーランスの責めに帰すべき事由がないのに、3条通知で定めた報酬を減額することは、**名目や方法、金額の多寡を問わず禁止**されています。

本事例のように、**元委託者A社の予算削減がなされたことは、フリーランスの責めに帰すべき事由に当たらない**ため、減額は認められず、違反になると考えられます。

アドバイス

発注者へ
3条通知で定めた報酬はそのとおりに支払うのが基本です。自社に落ち度がないとしても、フリーランスの責めに帰すべき事由がなければ減額はできません。

フリーランスへ
報酬の減額は実務上さまざまな名目・態様で行われることがありますが、自らの責めに帰すべき事由（委託内容との不適合や、納期遅れ）がない限り、減額は認められないことを知っておきましょう。

> 事例
> **04** 原材料費やエネルギーコスト等の高騰により、
> 報酬の見直しを求めたが、応じてもらえない。

相談内容

ある企業から3年にわたって運送業務を請け負っています。配達料と費用込みの契約であるため、ガソリン代の著しい高騰に伴い、費用の上乗せを求めました。しかし、「ガソリンの価格は日々変動するので、いちいち対応していられない。長期スパンで考えてもらわないと困る」などといって、費用の上乗せをまったく取り合ってもらえません。

POINT

1か月以上の期間行う業務委託において、報酬の見直しに応じてもらえない場合、買いたたきとなる可能性があります。

買いたたきに該当するかどうかは、①対価の決定方法（十分な協議が行われたかどうかなど）、②対価の決定内容（差別的であるかどうかなど）、③「通常支払われる対価」との乖離状況、④原材料等の価格動向などを勘案して総合的に判断されます。

このうち、「通常支払われる対価」を把握できない、または把握が困難である給付について、**公表資料からコストの著しい上昇を把握できるのに価格が据え置かれた場合**は、通常支払われる対価と比べて著しく低い報酬額であると判断されます。

また、労務費、原材料価格、エネルギーコスト等が上昇したため、フリーランスが報酬の引き上げを求めたにもかかわらず、**価格転嫁しない理由をフリーランスに書面や電子メール等で回答することなく、報酬を据え置くことも買いたたき**に該当する可能性があるとされています。

本事例では、ガソリン価格の高騰は公表資料から把握可能であり、

● 買いたたきの判断材料

対価の決定方法
十分な協議が行われたか？
フリーランスから要請があったか？ etc.

対価の決定内容
差別的であるかどうか？
etc.

通常支払われる対価との乖離状況
同種または類似の給付について、フリーランスの属する取引地域において、一般に支払われる対価との乖離状況 etc.

原材料等の価格動向
実際にコストが上昇しているか？
公表資料からコスト上昇が把握できるか？
etc.

買いたたきかどうかは、これらの要素などから総合的に判断

フリーランスからコスト上昇による報酬引き上げを求められたにもかかわらず、報酬を据え置く場合は、理由を書面等で回答する必要あり！

価格を据え置くことで、通常支払われる対価と比べて著しく低い報酬額と判断される可能性があります。また、価格引き上げの要請を取り合っておらず、価格転嫁しない理由を書面等で回答もしていませんので、十分な協議が行われたとは言い難いと思われます。

このような場合（前記①〜④を総合的に勘案することにはなりますが）、報酬が通常支払われる対価より著しく低いとして、買いたたきに該当すると判断される可能性があります。

アドバイス

発注者へ
協議のテーブルには着いたうえで、コスト上昇が公表資料から確認できる場合は、価格転嫁も検討しましょう。

フリーランスへ
コスト上昇の価格転嫁を交渉する際は公表資料を用いましょう。

046 THE BEGINNER'S GUIDE
TO FREELANCE ACT

支払期日・納期に
かかわるトラブル

事例 01 顧客からの入金の遅れを理由に、
報酬が期日に支払われない。

相談内容

フリーランスのイラストレーターです。小規模な広告制作会社（資本金500万円のため、下請法上の親事業者には該当しない）から、1年以上にわたって広告の制作業務を請け負っています。同社がある菓子店のクライアントから受注した広告に使用するイラストの作成を受託しました。約束した期日に納品しましたが、クライアントからの入金が遅れているとのことで、支払期日を過ぎても報酬が支払われていません。どのように支払を求めればいいでしょうか。

👆POINT

発注者は**成果物を受領した日から起算して60日以内のできる限り短い期間内に報酬の支払期日を定め、その期日までに支払う**のがルールです。発注者にとってのクライアントからの入金がないことは遅れの言い訳にはなりませんので、本事例はフリーランス法上の支払義務の違反になると考えられます。

支払期日に報酬が支払われないというケースは実務上多く見られます。発注者側の財産上の支払能力が乏しくなってきているケースもありますので、支払が期日に遅れた場合は、漫然と支払を待つのではなく、速やかに行動を開始しなければなりません。行き過ぎた

● 報酬が支払われない場合の対応

1 内容証明郵便等で支払を請求する

> 法的手段に出た際に、「請求を受けた覚えはない」などの
> 言い逃れを防ぐのにも有効

2 訴訟（少額訴訟）を提起するなど法的措置をとる（P.108参照）

3 和解あっせんを試みる（P.106参照）

4 行政（公正取引委員会）への違反申出を行う（P.102参照）

支払が遅れた場合、遅延損害金も忘れずに請求する

行為は恐喝罪や業務妨害罪になる可能性もありますので、あくまで法律に則って適切に対応する必要があります。

どのような方法をとるかについては、請求する金額の多寡や発注者の資金力、またこれまでの交渉態度など諸般の事情を考慮し、「**内容証明郵便等で支払を請求する**」「**訴訟（少額訴訟）を提起するなどの法的措置をとる**」「**和解あっせんを試みる**」「**当局へ通報する（申出を行う）**」などの方法の中から適した方法を選択していくこととなります。

アドバイス

発注者へ
支払期日に支払をするのが大原則です。支払わなくてよい理由は極めて限定的です。

フリーランスへ
遅延損害金も忘れずに請求し（契約書に定めがなければ、民事法定利率によります。下請法も適用される取引の場合は年14.6％）、支払を促しましょう。

受領拒否・返品に かかわるトラブル

> **事例 01** 発注者の都合により 成果物の一部を納品できない。

相談内容

ある発注者から個人で家具の製作を受託して2年ほど経過しています。先日、製作した家具を納期に納品しようとしたところ、発注者の店舗の展示スペースがいっぱいのため、当面、請け負った家具の半分だけ納品するように言われました。報酬は約束の期日に全額支払われますが、しばらくの間、成果物の残り半分をこちらで保管しなくてはなりません。発注者に保管費用を請求すべきでしょうか。

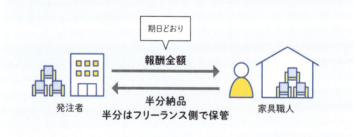

POINT

本事例では、発注者に保管費用を請求すべきと考えられます。

1か月以上の期間行う業務委託において、フリーランスの責めに帰すべき事由がないのに、成果物の受領を拒むことは「受領拒否」

の違反に当たります。「受領を拒む」とは、給付の全部または一部を納期に受け取らないことをいいます。**半分を納品できても、残り半分を受領してもらえないのであれば違反**です。また、業務委託を取消すこと（契約の解除）や、納期を延期することにより定められた納期に受け取らないことも受領を拒むことに含まれます。このため、本事例のように、今後一切受け取らないとしたわけではなく、当面半分を自分で保管してほしいと言われたような場合も受領拒否に当たると考えられます。

受領拒否が違法とならないのは「フリーランスの責めに帰すべき事由」がある場合ですが、①成果物の内容が委託内容と適合しないなどの不備がある場合、②3条通知に記載の期限までに納品されなかったため成果物が不要になった場合、の2つのケースに限られています。

本事例の「発注者の店舗の展示スペースがいっぱいである」というのは、どちらのケースにも当たらないため、受領拒否の違反となる可能性が高いと考えられます。

発注者が受領遅滞をしている場合、受注者は民法により、増加した費用（保管費用）を請求することができます。

本事例においては、前記のとおり発注者は受領拒否することができず、納期も過ぎていて受領遅滞となっていると考えられますので、発注者は受注者の保管費用を負担すべきと考えられます。

アドバイス

発注者へ
業務委託の取消（解除）や、納期の延期も、受領拒否に当たり得ます。
フリーランスの責めに帰すべき事由がなければ、受領拒否はできません。

フリーランスへ
自らに落ち度がないのに納期に受け取りを拒否された場合、増加した費用等の請求に備え、証拠を忘れずに保存しておきましょう。

048

THE BEGINNER'S GUIDE
TO FREELANCE ACT

やり直しに
かかわるトラブル

事例 01 やり直し（追加的な修正）が
際限なく続く。

相談内容

映像クリエイターです。2か月ほど前に、企業から研修用の
映像などの制作を請け負いました。いったん納品した後、企
業から、当初に合意した構成にはなかった内容が追加された
り、BGMを差し替えるよう要求されたりするなど、際限なく
追加修正の要望が出てきて手離れしません。どこまで対応し
なければいけないのでしょうか。

👆 POINT

1か月以上の期間行う業務委託において、フリーランスの責めに
帰すべき事由がないのに、給付（成果物等）の内容を変更させたり、
成果物の受領後にやり直しをさせたりすることで、フリーランスの
利益を不当に害することは禁止されています。

「フリーランスの責めに帰すべき事由」とされる範囲は非常に狭く、
フリーランスから給付内容の変更を要請した場合や、成果物等が3
条通知で明示した給付内容に適合しない場合のみです。

本事例の修正要望が、3条通知の給付内容と適合しないと合理的
に認められる場合であれば、フリーランスとしても対応が必要です
が、**当初の合意とは異なる内容の追加や、BGMの差し替えなどは、
フリーランスの責めに帰すべき事由があるとは認められない**でしょ

● やり直し(追加的な修正)の防止策

| 基本ルール | 3条通知に記載のない追加的な修正等は、発注者が費用負担しないなど、フリーランスの利益を不当に害する場合は認められない |

| 防止策 | 3条通知に給付内容を詳細かつ具体的に明示する |
| | 3条通知に一定回数の修正を指示できることを明記し、その業務の分も含んだ報酬を設定する |

う。そのため、本事例では、発注者が費用を負担せずにやり直しをさせることはできないと考えられます。

お互いにこのような事態を避けるためには、業務委託時にできる限り成果物の内容を具体化しておくことが必要です。また、**一定回数の修正を指示できること(いわゆるリテイク)をあらかじめ委託内容に含め、それに見合った報酬を定める**ことなどを検討してもいいでしょう。

アドバイス

発注者へ
成果物の内容等はできる限りわかりやすく具体化し、3条通知に明記しましょう。

フリーランスへ
3条通知の記載に適合していないかどうか不明な場合のやり直しの要請に応じる必要は基本的にありません。やり直しに応じる場合は費用負担について発注者と協議してください。

049 THE BEGINNER'S GUIDE TO FREELANCE ACT

購入・利用・提供の要請に かかわるトラブル

事例 **01** 業務とは無関係なチケットの 購入をお願いされた。

相談内容

結婚式場と2年以上にわたって契約を結んでいるカメラマンです。先日のことですが、発注者が取引先のイベントに協賛しているとのことで、そのイベントのチケットを購入してほしいと頼まれました。そのときは断ったのですが、後日、改めてメールで依頼されました。メールには「あくまでお願いではあるのですが、できれば……」などと記載されており、高圧的というわけではないのですが、もう一度断るのは、今後の発注に影響しそうで不安です。

POINT

1か月以上の期間行う業務委託において、発注者が正当な理由がないのに、フリーランスに対して、指定する物品やサービスを強制して購入・利用させることは禁止されています。

「正当な理由がある場合」とは、成果物などの内容を均質にしたり、改善を図るなどの場合をいいます（P.60参照）。本事例のように、発注者が協賛する取引先のイベントのチケット購入を求めるようなケースは、通常、正当な理由がある場合に当たりません。

また、「強制して」購入・利用させるとは、物品の購入やサービスの利用を取引条件としたり、従わない場合に不利益を与えたりする

● 事実上、購入や利用を余儀なくさせるような場合は「強制」

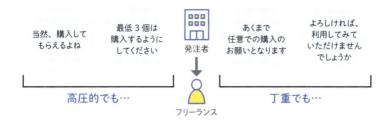

発注者に強制している認識がなくても事実上、フリーランスが購入や利用を断れない場合は「強制」

場合はもちろん、取引関係を利用して、事実上、購入や利用を余儀なくさせるような場合も含むと解されています。たとえば、フリーランスが購入・利用の意思がないと表明したにもかかわらず、重ねて要請を行った場合は、購入・利用の強制に当たる可能性があります。

本事例では「あくまでお願いではあるのですが、できれば」などの言葉を添えて、高圧的でない形で要請が行われていますが、**フリーランスが一度断っているのに、再度要請を行っていることから、事実上、購入を余儀なくさせているものとして「強制」と判断**される可能性があると考えられます。

アドバイス

発注者へ
取引と直接関係のない物品の購入やサービス利用の要請は「普段の取引の担当者とは別の部門などから行う」「一度断られたら再度の要請はしない」など、慎重に行う必要があります。

フリーランスへ
発注者から購入・利用の要請を受けた物品・サービスが不要である場合は、明確にその意思を示しましょう。

050
THE BEGINNER'S GUIDE
TO FREELANCE ACT

知的財産権に
かかわるトラブル

事例 01 作品の納品先で
無断で加工・利用されている。

相談内容

イラストレーターです。出版社からの依頼で、書籍に掲載予定のイラストを作成・納品し、約束どおり報酬が支払われました。ところが、後日、書籍の通販サイトを見たところ、そのイラストが加工されて書籍の広告に大々的に使われていたほか、書籍と関係ない、出版社のホームページのコラム記事などにも使われていました。出版社からは「そもそも買い取りのはずなので、どのように使おうが自由」などといわれ、相手にしてもらえません。

POINT

委託された業務を遂行する過程で、フリーランスに知的財産権が発生することがあらかじめ予想される場合があります。こうしたケースにおいて、発注者は業務委託の目的とする使用範囲を超えて、フリーランスに発生した知的財産権を自らに譲渡・許諾させたい場合は、あらかじめ**3条通知に知的財産権の譲渡・許諾の範囲やその対価を明示**しておく必要があります。

さらに、著作物を改変する場合に著作者人格権を行使しないなどの取り決めについても内容を明示する必要があり、その**内容に見合った報酬額も明示**する必要があります。

126

● 発注者がフリーランスに生じる知的財産権を買い取る場合

3条通知に明示すること

知的財産権の
譲渡・許諾の範囲と
その対価

著作物を改変する場合の
・著作者人格権に関する取り決め
・取り決めにかかわる報酬

フリーランス

3条通知に上記の明示がなければ、知的財産権はフリーランスに帰属していたこと(=発注者へ譲渡していないこと)をうかがわせる

　本事例では、委託時のさまざまな事情をもとに、著作権を買い取る合意等があったかを判断することになります。**3条通知に著作権を譲渡する明示がなかったことは、譲渡がなされていなかったことをうかがわせる有力な事実**の一つになると考えられます。フリーランスとしては、出版社に対し、著作権侵害を理由とした使用の差し止めや、金銭的な請求を行っていくことも検討が必要でしょう。

　いずれにしても、委託時に明確に著作権の取扱いを定めていない場合には、発注者とフリーランスとの間で著作権をめぐるトラブルが生じかねません。委託契約を結ぶ前に、双方十分に協議をして、譲渡・許諾の範囲やその対価を3条通知に明記することが必要です。

アドバイス

発注者へ
知的財産権の買い取りを希望する場合には、3条通知にその範囲や対価を明示しましょう。

フリーランスへ
自らの権利を守るため、成果物の知的財産権の取扱いについては、業務委託時にしっかりと確認・協議するようにしましょう。

募集広告・ハラスメントに かかわるトラブル

> **事例 01** あたかも高額の報酬が保障されているかのような募集がかけられていた。

相談内容

個人の配送事業者です。配送の外注先の募集がかけられており、募集要項には「報酬：30万～100万円」と記載されていたため、これに応募し、業務を行いました。ところが、報酬は歩合制であり、実際に依頼された仕事は1件だけだったため、報酬は30万円にすらまったく届きませんでした。

POINT

発注者は、広告等でフリーランスの募集を行うときは、当該募集情報のうち、報酬や業務内容等、所定の事項について、虚偽の表示や誤解を生じさせる表示をしてはなりません（募集情報の的確表示義務）。

本事例では、募集要項には「報酬：30万～100万円」と記載されており、一方で、報酬については歩合制が予定されていたようです。したがって、実際に受け取れる報酬については、「30万～100万円」に届くこともあり得たでしょうが、「30万円」が最低保障報酬でない限り、募集要項記載の上記金額に届かないこともあり得たはずです（また、実際に届かなかったようです）。

このような場合、虚偽の表示とまではいえないかもしれませんが、「誤解を生じさせる表示」には該当すると考えられます。なお、発注

者は、募集に際してフリーランスに誤解を生じさせることのないよう、「報酬額等について、実際の報酬額等よりも高額であるかのように表示してはならないこと」に留意する必要があるともされており、本事例は実際の報酬額より高額であるかのような表示といえるでしょう。本来は、たとえば**「モデル報酬」であることを明示する、あるいは当該金額に届かない可能性があることも記載するなどといった対応が適切**だったといえます。

したがって、フリーランスとしては、募集情報の的確表示義務に違反するものとして、行政機関に申し出て、適当な措置をとるように求めることが考えられます。

一方で、発注者に対して、追加の報酬（最低でも 30 万円に届くような報酬）を請求できるかというと、これは難しいと思われます。**募集要項に書いてある上記金額が、そのまま契約条件になるとは限らない**ためです。応募後のやり取りや、実際に締結した契約書、3 条通知等によって、報酬が 30 万～ 100 万円であったという合意の存在を立証できなければなりません。

フリーランスとしては、**応募した後も、実際の契約条件がどのようなものになるかをしっかりと確認することが重要**です。特に 3 条通知の記載内容にはよく目を通し、自分の考えていた契約条件とズレがありそうであれば、発注者とすり合わせをしましょう。

アドバイス

発注者へ
募集広告の内容が、実際に考えている条件より、フリーランスにとって有利なものであるかのような内容になっていないか、確認しましょう。

フリーランスへ
募集広告の内容は不十分なことが多いので、実際に契約する前に、発注者との間で契約条件のすり合わせをしっかりと行いましょう。

| 事例 02 | 発注者から
セクハラやパワハラを受けた。 |

相談内容

美容ライターです。エステサロンを経営する会社から、エステサロンの宣伝記事の作成を受託しました。すると、同社の社長から、①性交渉をさせてくれたら食事に連れて行くと言われたり、社長にキスをするよう迫られたりしました。また、②繰り返し、私の記事の質が低いことや他社からも依頼を受けていることを理由に契約の打ち切りをちらつかされたり、なかなか報酬を支払ってもらえないため、私が行った作業を検証・評価する方法について話し合いを求めたところ、繰り返し、「そういうことも教えないとわからないのであれば報酬を要求しないでほしい」、「今の状況ではスキルが低すぎるので契約は交わせない」、「自分に育ててほしいのであれば報酬は要求しないでほしい」といったことを言われました。これらはハラスメントに該当しないのでしょうか。

POINT

　発注者は、フリーランスに対してハラスメントがなされることのないよう、フリーランスからの相談に対応するための体制整備やハラスメントの防止等のために必要な措置を講じる義務があります。同義務の対象となるのは、セクハラ、マタハラ、パワハラの３つのハラスメントです。

　本事例では、社長の①の言動は「性的な言動により、フリーランスの就業環境を害する」ものとしてセクハラに該当します。また、②の発言は、発注者（会社）の社長の発言である以上、基本的に「取引上の優越的な関係を背景とした言動」であることに加え、全体と

130

して、「業務を遂行するうえで必要かつ相当な範囲を超えた」ものであるとして、パワハラに当たり得ます。

なお、「業務の遂行に関する必要以上に長時間にわたる厳しい叱責を繰り返し行う」「相手の能力を否定し、罵倒するような内容の電子メール等を、当該相手を含む複数の関係者宛てに送信する」「契約内容に基づき成果物を納品したにもかかわらず、正当な理由なく報酬を支払わないまたは減額することを、度を超して繰り返し示唆するまたは威圧的に迫る」ことなどは、パワハラに該当します。

一方で、「業務委託に係る契約に定める内容が適切に実施されず、再三注意してもそれが改善されないフリーランスに対して一定程度強く注意をすること」などは、パワハラに該当しません。**パワハラに該当するかどうかは、一つひとつの言動を個別にみるのではなく、総合的に判断**することになります。

本事例では、フリーランス側としては、発注者に設置されている相談窓口に相談するとともに、適正な措置を講じるよう求めることができます。相談に応じてもらえなかったり、適正な措置を講じてもらえなかったりする場合は、フリーランス法違反となります。

なお、ハラスメント行為者が発注者の社長となると、発注者に相談することは難しいかもしれません。その場合は行政機関へ申出を行うことが考えられるほか、（フリーランス法ではなく）**民法に基づき、ハラスメント行為や安全配慮義務違反があったことを理由に、発注者及び社長に損害賠償請求をする**ことも考えられます。

アドバイス

発注者へ
相談の有無にかかわらず、フリーランス向けのハラスメント相談窓口の設置は必須です。相談への対応も適切に行いましょう。

フリーランスへ
発注者に設置されている相談窓口を利用するほか、行政機関への申出や、弁護士等の第三者への相談も考えられます。

解除の事前予告にかかわるトラブル

事例01 長いお付き合いだったのに、突然、契約を解除された。

相談内容

医療・福祉関係で働いています。これまで特定のお客様（発注者）と、1年契約を何回も更新して業務を続けていたのですが、経営者が交代して会社の方針が変わったことを理由に、今週いっぱいで契約を解除すると告げられました。突然のことで困るのですが、どうにかならないでしょうか。

POINT

6か月以上続いている契約（継続的業務委託）を発注者が一方的に解除するにあたっては、解除日の30日前までに、書面やメール等で予告しなければなりません。本事例はこれに違反していることになると思われます。

災害その他やむを得ない事由により予告することが困難な場合や、フリーランス側に重大な義務違反がある場合などは、事前予告は不要ですが、本事例では経営者交代に伴う発注者の方針変更によるものとのことなので、事前予告が不要な場合に該当しません。

仮に、**契約書に「発注者の都合でいつでも解除できる」といった記載がされていたとしても、法律の定めが優先**されるので、事前予告が必要です。

事前予告義務違反があった場合には、行政機関に申し出るなどし

て、発注者に改善を求めましょう。ただし、**事前予告義務に違反しているからといって、必ずしも当該解除が無効となり、契約を継続してもらえるかはわかりません**。というのも、この点については法律に定めがないからです。

　もっとも、フリーランス側としては、発注者が契約の継続を認めないのであれば、契約の残期間分の報酬、あるいは少なくとも解除予告後30日に至るまでの期間分の報酬について、損害賠償請求として求めていくことはあり得るでしょう。

　なお、発注者はフリーランス法の中途解除等の事前予告と、労働基準法の解雇予告とを混同しないように気をつけましょう。労働基準法に基づく従業員の解雇については、30日前の予告が必要ですが、不足日数分の平均賃金額を解雇予告手当として支払うことで、予告期間を30日未満に短縮することが可能です。一方、フリーランス法にはそのような規定はありません。**フリーランスの業務委託契約の中途解除等については、30日以上の事前予告が必須**です。

アドバイス

発注者へ
契約の定めにかかわらず、フリーランスの契約解除にあたっては、原則として事前予告が必要です。事前予告が不要な場合に該当するかは慎重に確認しましょう。また、契約上、解除できないのであれば、やはり解除はできません。その点も注意しましょう。

フリーランスへ
突然解除された場合には、解除理由の開示を求めることも可能です。事前予告義務違反になっていないか、行政機関や第三者の力も得ながら確認しましょう。

巻末特典

\すぐ役立つ!/

発注書（業務委託内容別）

**ポイント
解説付き**

解除通知書 等 記載サンプル

フリーランス法で利用頻度の高い「発注書」を2種類と、「業務委託契約解除通知書」
および「解除理由通知書」のサンプルを用意しました。アレンジしてお使いください。

「発注書」記載サンプル

　フリーランス法で定められた取引条件の明示義務を満たす3条通知は、必要項
目が適切に表示されていれば、発注書や契約書などの書類の形式は問いません。
　本巻末特典では、「**製造委託／情報成果物作成委託**」用と「**役務提供委託**」用の
2種類の発注書を用意しました。
　給付内容の表示方法は、右ページの【製造委託／情報成果物作成委託】の書式
のように表を使っても、P.139の【役務提供委託】の書式のように文章だけでまとめ
てもかまいません。業務の内容によって使いやすいほうを選びましょう。

明示すべき事項（3条通知）

Ⓐ 業務委託事業者（発注者）および特定受託事業者（フリーランス）の名称

Ⓑ 業務委託日

Ⓒ 給付内容（成果物や役務の内容等）

Ⓓ 給付の受領（納品）または役務の提供を受ける期日

Ⓔ 給付の受領（納品）または役務の提供を受ける場所

Ⓕ 給付の内容について検査する場合は、検査を完了する期日

Ⓖ 報酬額および支払期日

Ⓗ 現金以外の方法で報酬を支払う場合は、支払方法に関すること

134

【製造委託／情報成果物作成委託】

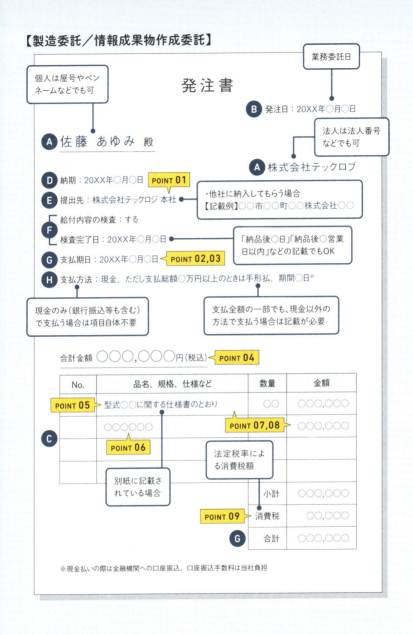

POINT 01

主に情報成果物作成委託において、オンラインで成果物を提出する場合は、給付受領場所については提出先の電子メールアドレス等を明示すれば足ります。

【記載例】

納品形式：Wordファイル形式
納品方法：○○@○○.co.jp当てに電子メールに添付して提出

POINT 02

具体的な支払期日が特定できるように記載します。特定できない場合は支払期日を定めていないものとみなされ、給付受領日が支払期日と判断されます。

【記載例】

○認められる：「毎月○日納品締切、翌月○日支払」
✕認められない：「○月○日まで」「納品後○○日以内」

POINT 03

再委託の場合に支払期日の例外（P.46参照）を適用する場合は、以下のような記載が必要になります。

【記載例】

本発注（本業務）は再委託によるものです。
・元委託者の商号等：株式会社○○○
・元委託業務の対価の支払期日：○年○月○日

POINT 04

業務の遂行に必要な材料費・交通費・通信費等の費用（経費）について、発注者が負担する場合は明記します（負担する費目は明確に特定して記載する必要があります）。

【記載例】

交通費を経費として支払う場合
【記載例A】交通費：○円
【記載例B】作成に要した交通費の実費は当社が負担します。

なお、3条通知に諸経費の扱いを記載することが難しい場合には、その理由に正当性があり、かつ別途協議することにしてもフリーランスに不利益がない場合は「諸費用の取扱いは、発注者・受注者間で別途協議の上、定める。」と記載することもできます。ただし、明示が困難な理由となっていたやむを得ない事情がなくなった場合には、速やかに協議して諸経費を決定し、発注者はフリーランスに対して、その内容を直ちに明示する必要があります。

POINT 05　規格や仕様について、別に内容を詳細に記載した書面を交付している場合には、その旨を記載します。

【記載例】
20XX年○月○日付「型式○○に関する仕様書」のとおり

POINT 06　情報成果物作成委託のケースなど、給付および業務内容において発注側が業務委託の目的としての仕様範囲を超えて知的財産権の譲渡・許諾を求める場合は「給付の内容」に譲渡・許諾の範囲を記載します。

・譲渡する場合

【記載例】（著作者人格権の不行使を合意）
発注の制作過程において発生する○○○に関する著作権（著作権法第27条及び第28条に定める権利も含む。）については、発注内容に含み、委託者に譲渡する。また○○○に関して、受託者は著作者人格権を委託者に対して行使しないものとする。

・許諾する場合

【記載例】
WEBサイトに、本業務の成果である写真や文章を掲載する場合、以下の範囲に限り、納品物の利用を認める。
　　目的：委託者が運営するWEBサイトへの掲載
　　WEBサイトの名称：○○○
　　URL：https://○○○.com
　　掲載期間：20XX年○月○日から20XX年△月△日まで

POINT 07

具体的な金額を明示することが困難なやむを得ない事情がある場合、「算定方法」を記載することもできます。算定方法は、算定根拠となる事項が確定すれば、具体的な金額が自動的に確定するものである必要があります。

【記載例】
・1文字当たり○円(消費税等を除く)
・工賃○○円+原材料Aをフリーランスが調達した時点○月○日のAの○○市場の終値×調達したAの量

POINT 08

フリーランスの知的財産権を発注者に譲渡・許諾させることを求めて業務委託を行う場合、知的財産権の譲渡・許諾に係る対価を報酬に加える必要があります。必ずしも内訳を明示する必要はありませんが、明示する場合は以下のような記載例が考えられます。

【記載例】
(譲渡の対価)
業務の報酬：金○○○円(うち、著作権に関する対価○○円)
※いずれも消費税等を除く

(許諾の対価)
業務の報酬：○○○円(消費税等除く)
許諾の対価(○年○月○日～○年○月○日までの利用)：○○○円
※消費税等を除く

POINT 09

消費税・地方消費税の額も明示が望ましいとされています。内税方式の場合はその旨を明確に記載する必要があります。

【記載例】
報酬額：○○○,○○○円(消費税込)

【役務提供委託】

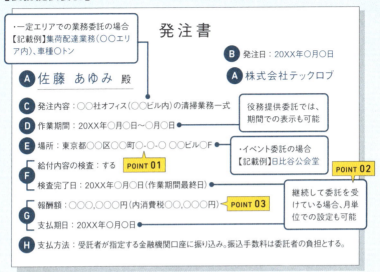

POINT 01

荷物の配達を委託する場合など、委託内容(「❻発注内容」)に委託場所が記されている場合は給付受領場所の記載は不要です。また、オンライン上で役務を提供する場合など、役務の提供場所が特定できない場合も給付受領場所の記載は不要です。

・委託内容に委託場所が
　記載されている場合

【記載例】
委託内容：貨物積込先○○㈱(○○区○○町所在)→取卸先△△㈱(△△市△△町所在)

・役務の提供場所が特定できない
　場合の委託内容の記載例

【記載例】
委託内容：○○商品のサポートサービス業務

POINT 02

一定の期間にわたる業務で月単位の締切を設定して支払をする場合(P.48参照)、検査も併せて月単位での設定が可能です。

【記載例】
検査完了日：「毎月○日」「毎月末日」
支払期日：「毎月○日締切、翌月○日支払」「毎月末日締切、翌月末日支払」

POINT 03 具体的な金額を明示することが困難なやむを得ない事情がある場合、「算定方法」を記載することもできます。算定方法は、算定根拠となる事項が確定すれば、具体的な金額が自動的に確定するものである必要があります。

【記載例】
時間当たり単価○○円×所要時間数(消費税等を除く)

そのほかのポイント

❶複数取引で共通する事項がある場合

複数の取引に共通する事項を、基本契約や基本的な取引条件として記載しておくことも可能です。ただし、共通事項の有効期限を明示し、あらかじめ示した共通事項との関連性を記載します。

【記載例】(支払条件が共通する場合の3条通知の記載例)

支払条件等は○年○月○日付け「支払方法等について」による。

```
               支払方法等について        ○年○月○日
支払期日：毎月○日締切、翌月○日支払
支払方法：受託者指定の金融機関口座に振り込み。
         振込手数料は委託者負担。
本書記載の内容は新たな明示が行われるまでの間は有効とする。
```

❷未定事項がある場合

明示事項のいずれかに未定事項がある場合は当初の明示に「未定」と記載し、[理由]と[内容を定めることとなる予定期日]を明示します。定まった後は直ちにフリーランスに明示します(補充の明示)。当初の明示と補充の明示との相互の関連性が明らかになるように記載します。

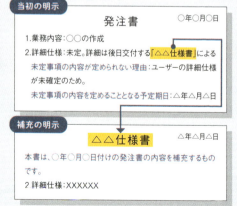

「業務委託契約解除通知書」等記載サンプル

6か月以上の継続的業務を中途解除や次回の更新をしない場合は、30日前の事前予告が必要です。この予告は、書面や電子メールなどで行う必要があります。

事前予告後、フリーランス側から解除等の理由の開示を請求された場合には、同じく書面や電子メールなどによって、遅滞なくその開示を行う必要があります。

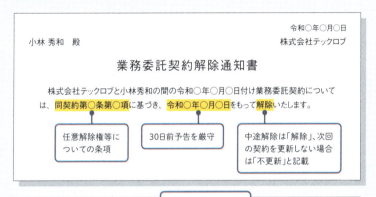

株式会社テックロブ(以下「弊社」といいます。)と小林秀和(以下「貴殿」といいます。)の間の令和○年○月○日付け業務委託契約(以下「原契約」といいます。)について、令和○年○月○日をもって解除する旨、令和○年○月○日付け「業務委託契約解除通知書」で予告いたしましたが、このたび、貴殿より、解除理由の開示の請求がありましたので、下記のとおりその理由を開示します。

記

貴殿の責めに帰すべき事由により直ちに原契約の解除をすることが必要であると認められる場合であって、**原契約第○条第○項**に該当するため。具体的には以下のとおり。

1. 貴殿による納品物が、弊社の示した基準を満たさず、繰り返し改善を要望しても基準を満たす様子が見られないこと。

2. 令和○年○月○日、弊社の○○が、貴殿に対して、弊社が示す基準に達するよう、納品物の質の向上を要望したところ、突然声を荒げ、「△△△」等と発言するとともに、○○につかみかかろうとするなど……

当該の解除理由の条項

141

Index

数字

1か月以上の期間行う業務委託 … 50,98
3条通知 ………………… 4,18,34,66,134
6か月以上の期間行う業務委託→継続的
　業務委託

あ 行

育児介護等と業務の
　両立に対する配慮義務 … 5,7,76,78
一括決済方式 ………………………… 42
一定期間以上の業務委託 …………… 23
委任契約 ……………………………… 27
違約金 ………………………………… 66
請負契約 …………………………… 27,32
役務（提供委託）……………… 20,36,44

か 行

解除 ………………… 7,23,72,74,132
買いたたき（の禁止）…………… 58,112
過料 …………………………………… 30
環境型セクシュアルハラスメント ……… 82
勧告 ………………… 3,24,30,102
期日における報酬支払義務 ……… 4,7
規制項目 ……………………………… 23
給付内容 ……………………………… 36
共通事項 …………………………… 34,140
業務委託 ……………………………… 20
業務委託事業者 ……………… 6,18,22
虚偽の表示 …………………… 68,128
禁止行為 …………………… 5,7,50〜64
継続的業務委託 …… 72,74,76,98,132
検査完了日 ……………………… 34,38
公正取引委員会 ………… 3,30,102,104
厚生労働省 ……………… 30,102,104
購入・利用の強制 ………………… 5,60

公表 ………………………………… 102
公表資料 …………………………… 59,116
誤解を生じさせる表示 …………… 68,128

さ 行

再委託 ……………… 24,34,46,78,95
債権譲渡担保方式 ………………… 42
自家利用役務 ……………………… 20
事前予告→解除
下請法 ………………… 3,14,20,24,28
指定商品の購入の強制 …………… 60
指導 ……………………………… 30,102
支払期日 ……… 7,34,40,44,46,48,118
支払督促 ……………………… 108,110
支払方法 …………………………… 42
就業環境の整備 ……… 5,7,14,22,68
修理委託 …………………………… 20
受領拒否（の禁止）………… 52,54,120
（給付の）受領日 ……………… 44,46,48
準委任契約 ………………………… 27
少額訴訟 ……………… 108,110,119
使用従属性 ………………………… 32
状態への嫌がらせ型（マタハラ）……… 84
消費税・地方消費税 ……………… 40
情報成果物作成委託
　（情報成果物の作成）……… 20,36,44
助言 ……………………………… 30,102
正確かつ最新の（内容を）表示 … 68,70
製造委託 ……………………… 20,36,44
セクシュアルハラスメント（セクハラ）
………………………… 82,88,130
損害賠償請求 …………… 66,131,133

た 行

対価型セクシュアルハラスメント ……… 82
立入検査 ……………………… 3,30,102

※主要なページを掲載しています。意味内容を優先しているため、用語と完全一致していないページもあります。

知的財産権 ……………36,40,62,126
仲介事業者 ……………………… 32
仲裁センター …………………… 106
中小企業庁 …………………30,102
中途解除等の事前予告・理由開示義務
………………………5,7,72,74,133
（→「解除」参照）
直接の利益 ……………………… 62
通常支払われる対価 ……… 58,112,116
月単位の締切制度 ……………… 44,48
手形 ……………………………… 42
デジタル払い …………………… 42
電子記録債権 …………………… 42
電磁的方法 …………………… 4,34
当初の明示 ……………………… 140
独占禁止法 ………………15,24,31
特定業務委託事業者 …………6,18,22
特定受託業務従事者 …………… 19
特定受託事業者 ………………… 16,18
特定受託事業者に係る
　取引の適正化等に関する法律 ……2
取引条件の明示（義務）… 4,7,18,22,34
取引の適正化 …………………… 4,7,22

な 行

内容証明郵便 ………………… 110,119

は 行

配慮・配慮義務→育児介護等と業務の
　両立に対する配慮義務
配慮申出等への嫌がらせ型（マタハラ）
…………………………………… 84
罰金 ………………… 3,30,66,102
ハラスメント相談窓口 …… 90,92,94,131
ハラスメント対策に係る体制整備義務
……………………5,7,88,90,92,94

パワーハラスメント（パワハラ）
………………………… 86,88,130
一人会社 ………… 16,18,26,34
ファクタリング方式 ……………… 42
（業務委託契約の）不更新 …… 72,74
不当な給付内容の変更・やり直し
……………………………64,122
不当な経済上の利益の提供要請 …… 62
プライバシー保護 ……………… 94
プラットフォーマー→仲介事業者
フリーランス ………………2,14,16
フリーランス・トラブル110番…30,104,106
返品（の禁止） ………… 54,56,120
報告 ……………………………… 102
報酬額の算定方法 ……………… 40,55
報酬の減額（の禁止）…54,78,84,112
報復措置 ………………………… 102
募集情報の的確表示（的確な表示）
………………………5,7,23,31,68,70
補充の明示 ……………………… 140

ま 行

マタニティハラスメント（マタハラ）… 84,88
未定事項 ……………………34,140
民事訴訟 ………………………… 108
民事調停 ………………………… 107
命令 ………………… 3,24,30,102
申出………………………………… 102

や、ら、わ 行

優越的地位の濫用 ……………… 24
理由開示→中途解除等の事前予告・理
　由開示義務
両罰規定 ………………………… 30
労働基準法 ……………… 26,32,133
和解あっせん …………… 104,106,119

143

■ 問い合わせについて

本書の内容に関するご質問は、QRコードからお問い合わせいただくか、下記の宛先までFAXまたは書面にてお送りください。なお電話によるご質問、および本書に記載されている内容以外の事柄に関するご質問にはお答えできかねます。あらかじめご了承ください。

〒162-0846　東京都新宿区市谷左内町21-13
株式会社技術評論社　書籍編集部
「60分でわかる！ フリーランス法 超入門」質問係
FAX:03-3513-6181

※ご質問の際に記載いただいた個人情報は、ご質問の返答以外の目的には使用いたしません。
　また、ご質問の返答後は速やかに破棄させていただきます。

60分でわかる！
フリーランス法 超入門

2024年11月2日　初版　第1刷発行

著者	野田　学、白石紘一
発行者	片岡　巖
発行所	株式会社 技術評論社 東京都新宿区市谷左内町 21-13
電話	03-3513-6150　販売促進部 03-3513-6185　書籍編集部
編集	飯野実成、三浦顕子
担当	橘　浩之
装丁	菊池　祐（株式会社ライラック）
本文デザイン・DTP	山村裕一（cyklu）
本文フォーマットデザイン	山本真琴（design.m）
製本／印刷	株式会社シナノ

定価はカバーに表示してあります。
本書の一部または全部を著作権法の定める範囲を超え、
無断で複写、複製、転載、テープ化、ファイルに落とすことを禁じます。

©2024　野田学、白石紘一、株式会社ノート
造本には細心の注意を払っておりますが、万一、乱丁（ページの乱れ）や落丁（ページの抜け）がございましたら、小社販売促進部までお送りください。送料小社負担にてお取り替えいたします。

ISBN978-4-297-14423-4 C0032
Printed in Japan